レヴィ＝ストロース随想集

われらみな食人種《カニバル》

クロード・レヴィ＝ストロース 著

（序文）モーリス・オランデール

渡辺公三 監訳　泉 克典 訳

Nous sommes tous des cannibales

Claude Lévi-Strauss

*

Avant-propos de Maurice Olender

創元社

序文

クロード・レヴィ＝ストロースは、格式あるイタリアの日刊紙『ラ・レプブリカ』の求めに応じて、ここに集められている二百ページにも及ぶテキストを書き継いできた。こうして、一九八九年から二〇〇〇年にかけてフランス語で書かれた一六のテキストからなる、未刊の作品が残されることになった。

レヴィ＝ストロースはそのつどニュース性に富んだ事象を出発点にしながら、同時代が抱える数々の重要な議論に取り組んできた。主題が《狂牛病》であれ、（食糧、あるいは治療といった）さまざまな形をとるカニバリズムであれ、（女陰切除や、さらには割礼のような）儀礼的実践に横たわる人種主義的偏見であれ、民族学者レヴィ＝ストロースは「おのおのが、自分の慣習にはないものを野蛮と呼ぶ」と言い、西洋で近代性《モデルニテ》が芽吹く瞬間のひとつとされるモンテーニュの仕事に思いをはせながら、眼下で繰り広げられる社会的事実の理解へとわれわれを誘う。

こうしてレヴィ＝ストロースは、「時には言語道断だと感じさせさえするほどの、あまりにも奇妙で不快な」いかなる慣行、信仰、習俗も、それ固有の文脈を踏まえなければ説明することはできないと強調する。まさに、一九九二年のモンテーニュ没後四百年の機会に際して、人類学者レヴィ＝ストロースは、いまなお現代性のある哲学的議論に生気を吹き込んだのである。「一方の側には、歴史上の社会を批判の対象にして合理的社会というユートピアの夢をあたためる啓蒙哲学がある。そして、もう一方の側には、ある文化が異文化を評価する拠り所となるどんな絶対的基準も受けつけない相対主義がある。モンテーニュ以来、彼にならってこの矛盾からの脱出がたえず試みられてきた」。

クロード・レヴィ＝ストロースのどの著作にも言えることだが、本書もやはり、ある章のタイトルを借りて言うならば、「神話的思考と科学的思考」のあいだにある切り離すことのできない結びつきを強調している——だからといって、科学的思考を神話的思考へと回収しようというわけではない。いわゆる複雑な社会と、誤って「未開なり古代的」と名指されてきた社会とのあいだには、長いあいだそう思い描かれてきたほどの大きな隔たりがないことを改めて彼は指摘する。このような確認を生み出すのはひとつの態度であるが、それを方法と言い換えてもよさそうである。つまり、「遠いものが近いものを照らし出すように、近いものが遠くのものを照らし出すこともある」としながら、その方法は自らが日常生活についての可知的アプローチとなるようにも希求している。

近いものと遠いものとを互いに照らし合わせるこの種の観察、このようなまなざしの「実践」は、本書劈頭《へきとう》に置いた一九五二年の論考「火あぶりにされたサンタクロース」――これは『現代《レ・タン・モデルヌ》』誌の求めで書かれたものである――から、すでに焦点化されている。このテキストのなかで、西洋における近年のある儀礼について、レヴィ＝ストロースはつぎのように述べる。「民族学者がこのように、自分の育った社会でひとつの儀礼、さらには崇拝《カルト》までもが急激に発展してゆくさまを観察できる機会が日常茶飯にあるだろうか」。その後すぐ、用心深くも、われわれの自身の社会を理解することのほうがより容易であるが、同時にそれは困難をともなうものでもあると付け加えるのも忘れない。「個々の局面やひとつひとつのニュアンスなども含めて体験に連続性が保たれている分、推論は易しい。ただし、このうえなく繊細な社会変容の持つ極度の複雑さに気づかされるのは、まさにこのようなめったに訪れることのない機会においてこそだという点では、より難しくもある」。

これらの記事には、二〇世紀最後の数年間の痕跡が留められている一方、偉大な人類学者の明晰さやひとを刺激する悲観主義も顔を覗かせる。三〇もの言語に翻訳されるこの作品は、これから後の、われわれの二一世紀の幕開けを印象づけるものにもなることだろう。

モーリス・オランデール

レヴィ=ストロース随想集

われらみな食人種《カニバル》

*

目次

序文（モーリス・オランデール） 3

＊

火あぶりにされたサンタクロース（一九五二年） 11

＊

まるであべこべ（一九八九年八月七日） 46
社会には一種類の発展しかありえないのだろうか（一九九〇年一一月一三、一四日） 55
社会の諸問題――女陰切除と補助生殖（一九八九年一一月一四日） 74
自著紹介（一九九一年九月一〇日） 94
民族学者の宝飾品（一九九一年五月二一日） 108
芸術家の肖像（一九九二年二月二三日） 120
モンテーニュとアメリカ（一九九二年九月一一日） 133
神話的思考と科学的思考（一九九三年二月七日） 139
われらみな食人種（一九九三年一〇月一〇日） 150

161 オーギュスト・コントとイタリア（一九九四年六月二一日）
177 プッサンの一絵画の主題をめぐる変奏（一九九四年一二月二九日）
190 女性のセクシュアリティと社会の起源（一九九五年一一月三日）
202 狂牛病の教訓（一九九六年一一月二四日）
215 母方オジの帰還（一九九七年一二月二四日）
228 新たな神話による検算（一九九九年四月一六日）
238 「コルシ・エ・リコルシ」——ヴィーコを追いかけて（二〇〇〇年三月九日）

*

250 訳者あとがき

装幀・組版：松本久木
カバー作品：山本 恵（『quiet circus-16』49×36.5×13cm, mixed media, 2017）

日本語版凡例

記号について

一、原文におけるイタリック体は、著作名や引用句などを除き、原則として〈　〉で示した。
一、原文における大文字の強調は「　」で示した。
一、原文の（　）、および《　》は原則としてママとしたが、長文の引用はその限りではない。

註について

一、原註はブラケット［　］で示し、章末に註記を置いた。
一、原註のうち、初出年（月日）の表記については註から外し、各論考のタイトル部に入れた。
一、本文内の訳註はキッコー〔　〕で示した。長文の註は段落記号¶付きの番号（¶1）を振り、原則として該当箇所の見開き左頁小口側に註記を置いた。

各論考タイトル部について

一、＊印の下部に、上から順にフランス語タイトル、『ラ・レプブリカ』誌掲載時のイタリア語タイトル、初出年月日を入れた。

一九五二年

火あぶりにされたサンタクロース

*

« Le Père Noël supplicié »

1952

12

一九五一年のクリスマスの祝祭は、報道や世論がかなり感情的な態度を示したある論争のために、フランスでは長く人々の記憶に留められることになるだろう。いつもなら一年のうちでもとりわけ楽しげな雰囲気にあふれるこの時期に、その論争は尋常ではないとげとげしい調子を持ち込んだのである。その数ヶ月前からすでに、家庭や商業の場面でサンタクロース[¶1]という人物に与えられる重要性がますます大きくなることを遺憾とする旨が、カトリック教会当局のいく人もの高位聖職者の口から表明されていた。当局が告発したのはキリスト降誕祭の憂慮すべき《異教化》、つまり、この記念祭がそもそも持っていたキリスト教的な意味から公衆の心情を逸らして宗教的価値のない神話にしてしまいかねないことだった。攻撃はクリスマスを間近に控えて激しさを増していった。プロテスタント教会も、より控え目ではあるが毅然とした態度でカトリック教会と意見をともにした。読者の投書や記事もすでに日々の紙面をにぎわせている。意見は割れているとはいえ、大半は教会に反対する立場からなされたもので、この事件が呼び覚ました関心の高さをうかがわせる。論争は一二月二四日に最高潮に達した。『フランス・ソワール』紙の特派員は前日の示威行動を次のような表現で報じている。

教区青少年クラブ立ち会いのもと

13

火あぶりにされたサンタクロース

サンタクロース火刑に処せらる
ディジョン大聖堂前広場で

【ディジョン、一二月二四日、『フランス・ソワール』現地支局】サンタクロースは昨日午後、ディジョン大聖堂の鉄柵に吊るされた後、人々の見守るなか大聖堂前広場で火刑に処せられた。この見世物じみた処刑は、教区青少年クラブの数百人の子どもたちの面前で執行された。サンタクロースを簒奪者であり異端者であるとして断罪する聖職者の同意のもと、刑が裁決された。クリスマスの祝祭を異教化し、他の鳥の巣に居座るカッコウさながら、ますます大げさな地位におさまっているということが罪状だった。なかでも、クリスマス前後にキリスト生誕群像《クレッシュ》を飾る慣習すら〔徹底した政教分離原則《ライシテ》に基づいて〕生まじめに締め出してきたすべての公立学校でさえサンタクロースが大きな顔をしていることが咎められた。

¶1 サンタクロース……フランス語では「ペール・ノエル（クリスマスおじいさん）」。以下、サンタクロースとペール・ノエルは特別な場合を除き区別しない

14

日曜日の午後三時、白髭をたくわえたこの哀れな男の人形は、かつての多くの無実の人々と同様、その処刑を拍手喝采するであろう人々こそが咎められるべきだったある過ちの責めを一身に背負わされた。炎が彼の髭をなめ尽くし、その姿は煙のなかに消えていった。

刑が執行された後、以下のようなあらましの公式声明が読み上げられた。

「虚偽と闘わんと望む小教区の全キリスト教徒家庭を代表して、二五〇名の子どもがディジョン大聖堂の正門前に集まり、サンタクロースを火にかけた。

これはただのアトラクションではなく、象徴的行為である。サンタクロースは、燔祭《ホロコースト》のいけにえとして捧げられた。実際、虚偽では子どもの信仰心を呼び覚ますことはできず、教育方法としてはもってのほかである。好き勝手を言ったり書いたりして、〔聞き分けのない子どもを脅かす〕鞭打ちじいさん《ペール・フータール》とちょうど対照的に釣り合う人物をサンタクロースに期待する者もいるが、そういう連中にはそうさせておけばよい。

しかし、われわれキリスト教徒にとってクリスマスの祝祭は、救世主の生誕記念日の祝いであり続けるべきなのである」。

15

火あぶりにされたサンタクロース

大聖堂前広場でのサンタクロースの処刑は賛否両論を呼び、カトリック教徒からさえも厳しい意見が出てきた。

しかもこの時ならぬ示威行動からは、それを組織した人々が予想もしなかった余波が生まれるおそれもある。


この一件で、街は二つの陣営に分かれている。

ディジョンでは、大聖堂前広場で昨日殺されたサンタクロースの復活が待望されている。今夜〔一二月二四日〕午後六時、サンタクロースは市役所で復活するようだ。公式発表によると、サンタクロースは例年通り、ディジョンの子どもたちをリベラシオン広場に集め、スポットライトを浴びながら市庁舎の屋根を歩き回って、そこから子どもたちに話しかけることになっている。

下院議員でディジョン市長も務めるキール氏は司教座聖堂参事会員だが、このデリケートな問題に対して、どちらの陣営にも与しないようにしているようだ。

サンタクロースの受難はその日、トップニュースで扱われた。事件に触れなかった新聞は一紙もなく、数紙は――ここに引用した、フランス最大の発行部数で知られる『フランス・ソワール』紙と同じように――社説にさえ取り上げたほどだった。ディジョンの聖職者の態度はおしなべて非難されている。そのため、カトリック教会当局も引き下がるか、少なくとも慎重な留保の姿勢を保つことをよしとした。ただし、聖職者の意見も割れていると言われている。記事の大半は、当たり障りなく、感傷たっぷりの論調に終始している。サンタクロースを信じることはいたく可愛げのあることで誰かを害するものでもない。子どもたちはそこから大きな満足を得るし、大人になってからもかけがえのない思い出となるだろう、などなど。しかし、実のところ、人々はこの問題に向き合うことなく、目を逸らしてしまっている。なぜなら、問題の鍵は、サンタクロースが子どもから好かれる理由ではなく、大人たちがサンタクロースを発明するよう促された理由を正当化してみせることにあるからである。いずれにせよ、世論の反発はほぼ一様であり、この点で世論と教会とのあいだに意見の不一致があるのは明らかである。〔一九四〇年六月のパリ陥落後のドイツによる〕占領期以降、フランスでは、無信仰者が大勢を占める世論と宗教界との和解がゆるやかに進んできた。例えば、MRPのように公然と宗教色を示す政党が政府に参画している[¶2]こともその証拠に挙げられる。それだけに、事件の性質は取るに足らないものであっても、事件が起きたという事実がはらむ重要性は小さくない。そのため、〔カトリック教会や教皇の権力を否定する〕伝統的な反教権主義者たちはこの事件を巻き返しの格好の機会とみた。ディジョンに限らずフランス各地でいち早く、迫害されたサンタクロースの擁護にまわったのはこうした人々だった。サンタクロースが無宗教の象徴とは、何という逆説だろう。その証拠に、この問題では、教会が率直さや真実を渇望する批判的精神を体現する一方、合理主義者が迷信の擁護にまわるという構図でものごとが進んでいる。こうした明白な役割の逆転があることが、この素朴な事件の背後に、もっと奥深い現実が覆い隠されているということを十分に暗示している。われわれが目の当たりにしているのは、まずはフランスに、やがて他にも生じるはずの、習俗や信仰のとてつもなく急速な進化の兆候的な表出である。民族学者がこのように、自分の育った社会でひとつの儀礼、さらには崇拝《カルト》までもが急激に発展してゆくさまを観察できる機会が日常茶飯にあるだろうか。これは、その原因を追求して他の宗教生活の形態に及ぼす影響を研究できる機会であり、さらには、目に見える示威行動が、全体に及ぶどのような精神的かつ社会的な変形と関係しているかを理解しようと試みる機会にもな

¶2 政府に参画……新興のカトリック政党であるMRP（人民共和運動）は第四共和政（一九四五〜一九五八）の大半の期間、社会党、共産党とともに三党政治の一翼を担った

る。この現れにはっきりとした価値を認めることに問題を絞ったという限りにおいて——この手の問題を古くから経験してきた強みがあるからだろうが——教会の見立ては決して間違ってはいない。

*

フランスにおけるクリスマスの祝い方が、第二次世界大戦以前には経験したことのない賑わいを見せるようになったのは三年ほど前、つまり経済活動が平常を取り戻した頃のことである。[3] 物質的重要性からも、それが生まれた形からも、この展開は明らかにアメリカ合衆国の影響と威信から直接もたらされたものである。例えば、交差点や大通りに立てられて夜通し光が灯される大きなモミの木、聖書ゆかりの人物の挿絵入りのクリスマスプレゼント用包装紙、飾り模様のクリスマスカード、受け取ったそのカードをクリスマス前後の一週間は暖炉に飾っておく習慣、物乞いたちの小さな椀ならぬ大鍋を提げて広場や街路で義捐金を集める救世軍、[4] そして、願い事を書いた子どもたちの手紙を受け取りにデパートに現れるサンタクロース姿の人物などが時を同じくして出現するのを、人々は目の当たりにした。ほんの数年前までこれらの習慣は、アメリカを訪れたフランス人にとって、両国の気性は心底から反りが合わないことをまざまざと示すしるしのひとつだった。幼稚で異様《バロック》なものに映っていた慣習が、いまではどれも文明史家にぜひ考察をお願いしたいほどすんなりと幅広くフランスに根を下ろし、溶け込んでしまっている。

　他の分野と同じくクリスマスの祝い方においても、壮大な伝播をまさに体験しているのだが、それはおそらく、われわれが日頃から研究し慣れた圧気発火器やアウトリガー式カヌーなどの古典的な現象とさしたる違いはない。ただ、眼下で展開され、自身の社会が舞台となっている事象について推論するのは、それらを研究するより易しいことだが、同時に難しくもある。個々の局面やひとつひとつのニュアンスなども含めて体験に連続性が保たれている分、推論は易しい。ただし、このうえなく繊細な社会変容の持つ極度の複雑さに気づかされるのは、まさにこのようなめったに訪れることのない機会においてこそだという点では、より難しくもある。それに、われわれ自身がある出来事について関係者《アクター》として述べる言い分と、その出来事で

¶3　経済活動が平常を取り戻した頃……一九四九年、フランスのGDPは大戦前の最高水準を戦後初めて上回った

¶4　救世軍……プロテスタント系の一教派。街頭募金活動「社会鍋《クリスマス・ケトル》」を組織した

われわれが何かの役割を担わされることになった真の原因とのあいだには大きな食い違いもある。

　したがって、フランスにおけるクリスマスの祝い方の発展をもっぱらアメリカ合衆国の影響によって説明してしまっては、あまりにも単純すぎるだろう。借用があったのは事実である。しかし、その事実だけに原因を求めるのはいかにも不十分である。明白な根拠をざっと列挙してみよう。まず、以前よりもずっと多くのアメリカ人がフランスに暮らし、自分なりにクリスマスを祝っている。そして、映画や『リーダーズ・ダイジェスト』[5]、アメリカ小説、それに大手紙のルポルタージュ経由でかの国の風俗が知られるようになった。アメリカ合衆国の軍事力や経済力が放つ威光も、こうした風俗が浸透する一因となっている。マーシャル・プラン[6]が直接に、あるいは遠回しに、クリスマスの儀式と関係する商品の輸入を助長したということもありえない話ではない。ただ、ここに挙げたすべてをもってしても、この現象を説明するには十分ではなさそうである。アメリカから輸入された慣習は、その由来を意識しない階層の人々のもとですら幅を利かせている。共産主義の影響で「メイド・イン・ＵＳＡ」のマークがある物にはどちらかというとケチを付けたがる労働者層の人々も、他の人々と同じようにこれらの慣習を進んで取り入れている。したがって、単純な伝播に加えて、ある重要なプロセス、それをいち早く特定したクローバー[7]が「刺激伝播《スティミュラス・ディフュージョン》」と名づけたプロセスにも言及しておくべきだろう。ここでは、輸入された慣習は同化されるというよりも、むしろ触媒の役割を果たす。その慣習が存在するだけで、いわば、輸入先の環境に潜在していた類似の慣習の出現が引き起こされるのである。われわれの主題に直接的に関係のある事例からこの点を例証しよう。同業者に招かれるか経済使節団の一員となるかでアメリカ合衆国に赴いた製紙業者が、当地ではクリスマス用の特別な包装紙が製造されていることに目をつける。製紙業者がこのアイデアを拝借すれば、これは伝播の現象である。他方、プレゼント用の包装紙を買おうと文房具店に出かけたパリの主婦が店のショーウィンドウで、これまで満足して使っていた包装紙よりずっと素敵で仕上がりも丁寧な包装紙に目を留めたとする。彼女はアメリカでの包装紙の使われ方をまったく知らないが、それが彼女のなかにすでに存在はしながらも表現手段を欠いていた美的欲求を満たし、感情を表に出す手はずが整う。その包装紙を手に入れはしても、彼女は（製紙業者

¶5　『リーダーズ・ダイジェスト』……米国の月刊大衆誌。独自記事と新刊書や雑誌記事の抜粋からなる

¶6　マーシャル・プラン……第二次大戦後の欧州復興のための米国による資金援助計画

¶7　クローバー……一八七六〜一九六〇。当時の米国の文化人類学の主導者で、北米先住民の民族誌、民族学、言語学、考古学の分野で重要な業績を残した

のように）直接に外国の慣習を取り入れたわけではない。それでも、包装紙がこの主婦の目に止まるとたちまち、彼女のもとに同一の慣習を誕生させる刺激となる。

　次に、大戦前からフランスに限らずヨーロッパ全土で、クリスマスの祝い方が年々派手になってきていたことも忘れるわけにはいかない。それはまずもって生活水準の向上によるものだが、もっと繊細な要因も含まれている。われわれにお馴染みの特徴も含めて古代的要素をいろいろ含んではいるにせよ、クリスマスは本質的には近代の祭である。ヤドリギを使う風習は中世にふたたび流行したものとみられるため、少なくとも直接にはドルイド教[*8]の名残りではない。クリスマスツリーに関しては、一七世紀のドイツ語文献に登場するまで、いかなる場所にも言及がない。それがイギリスに入ってきたのは一八世紀のことであり、フランスにいたってはさらに遅く、一九世紀になってからだった。リトレ辞典[*9]も、「クリスマス」の項目を「いくつかの国では、とりどりに飾りつけられたモミかヒイラギの枝に、子どもたちに与えるキャンディーやおもちゃをぶら下げ、子どもらを喜ばせる」と定義していることから、リトレもこの慣習のことをよく知らなかったか、われわれが知っているものとはずいぶん違った形で認識していたと思われる。子どもにおもちゃを配る役目をする人物に与えられる名前も、「ペール・ノエル」「サン・ニコラ」「サンタ・クラウス」などさまざまである。このことからして、サンタクロースは各地で伝承されてきた古代の祖型に由来するのではなく、多様な伝統が習合する現象の産物だということが示されている。

ただし、近代の発展がサンタクロースを発明したわけでもない。現代のクリスマスは、その重要性がすっかり忘れ去られたわけでは決してなかった往時の祝い方を、さまざまな部品や断片から再構成しただけである。リトレにとっては限りなく異国由来のしきたりだったクリスマスツリーについて、シュリュエル[¶10]は、その著作『フランスの制度・風俗・慣習の歴史事典』(著者はこれを聖パレイ(一六九七〜一七八一)の『いにしえの諸国民の事典』の焼き直しと認めている)のなかで次のように記していることは注目に値する。「クリスマス(…)は、数世紀にわたり、そして〈ごく最近に至るまで〉[強調は引用者]、家族が楽しむ機会であった」。この記述に続いて、一三世紀のクリスマスの祝い事の様子が描写されるが、それは現代のわれわれの祝い方とまったく遜色のないものである。したがって、われわれが対面しているのは、その重要性を歴

¶8 ドルイド教……聖樹崇拝を重視した古代ケルトの宗教

¶9 リトレ辞典……哲学者・文献学者のリトレが一九世紀半ばに編纂した『フランス語大辞典』

¶10 シュリュエル……一八〇九〜一八九一。フランスの歴史家

史のなかでかなり目まぐるしく変動させてきたひとつの儀礼であって、すでに数々の栄枯盛衰を経ているのである。アメリカ的形態はそのもっとも現代的な具体像《アバター》にすぎない。

このようにざっと概観するだけで、過去の《遺物》や《残存物》と呼んで済ませる安直な説明が、この手の問題についてはどれだけあてにならないかがわかる。多彩な民俗的な慣習のなかで連綿と続く樹木崇拝が先史時代になければ、近代ヨーロッパがクリスマスツリーを《発明する》こともなかっただろう。ただし――先に指摘したように――鍵になるのは、近年の発明である。もっとも、この発明は無から生まれてきたわけではない。以下に挙げる中世の慣習が存在していたことは完全に認められている。まず、〔「クリスマスの丸太」という意味の〕ブッシュ・ド・ノエルは（後にパリでケーキになったが）、もともとは夜通し燃やし続けることができるとても太い木の幹のことであり、〔「クリスマスキャンドル」を意味する〕シエルジュ・ド・ノエルも同じくひと晩中灯しておける大きさの蝋燭を指した。建物は（後ほど改めて検討する古代ローマのサトゥルヌス祭以来）青々としたツタやヒイラギ、モミの小枝で飾られた。最後に、クリスマスとはまったく無関係だが、『円卓の騎士』の物語には、まるごと光で覆われた超自然の樹木が登場する。こうしてみると、クリスマスツリーは習合的解決であることがわかる。つまり、魔法の木、火、途絶えることのない光、いつまでも青々とした草木など、それまでは別々のかけ離れたところで求められていたものをひとつの事物に結集したものなのである。逆に、サンタクロースの現在の形態は近代の創造である。ましてやデンマーク領のグリーンランドに住んでいることにされ、トナカイに引かせた橇《そり》で世界中を旅すると期待されるサンタクロース信仰ともなれば、さらに近年にできたものである（これを受けて、全世界の子どもから寄せられる手紙に対応するために、デンマークに専用の郵便局が置かれることになった）。とりわけ、サンタクロースが橇でやってくるという伝説は、アメリカ軍部隊が先の大戦でアイスランドとグリーンランドに駐屯したことから大戦中に広まったとも言われる。ただし、トナカイが登場するのは偶然ではない。ルネサンス期のイングランドの記録には、クリスマスのダンスで引き回されるトナカイの頭部《トロフィー》について言及があるが、それはあらゆるサンタクロース信仰よりはるかに古く、サンタクロース伝説の形成よりも以前に遡る。

　このように、きわめて古い要素が繰り返し混ぜ合わされ、さらに他の要素も加えられてきた。古代の慣習を存続させ、変形し、再活性化するために、かつてなかった様式がこのようにして編み出されてきたのである。今日の状況は文字通りクリスマスのルネサンスとも言うべきもので、そこに取り立てて新しい要素は見当たらない。だとすれば、クリスマスはどうしてかくも大きな反発を呼ぶのだろうか。一部の人々の敵意がことさらサンタクロースという人物のまわりに集中するのはなぜだろうか。

*

サンタクロースのまとう衣装は緋色をしている。つまりは王である。その白い髭、毛皮の服やブーツ、旅に使う橇は冬を連想させる。サンタクロースは〈ペール〉と呼ばれる老人で、古代人の威厳あふれる温情のあり方を体現している。これはすっかり分かりきったことである。しかし、宗教的類型の観点からすると、この人物をどのカテゴリーに置くべきだろうか。その起源や役割を説明する神話は存在しないので、サンタクロースは神話的存在とはいえない。また、サンタクロースにまつわるいかなる半歴史的《セミ・ヒストリック》な物語も存在しないので、伝説上の人物ともいえない。サンタクロースは、永遠に同じ姿をして、期待される役割もひとつしかなく、その役割を果たすべく周期的に到来する。実は、この超自然的で不変な存在者は神々の仲間に属するといえるだろう。サンタクロースは一年のある時期に、手紙や祈りの形で子どもの崇拝を受ける。よい子には褒美を与え、悪い子には与えない。サンタクロースは、〔それを信じるということだけに特徴づけられる〕われわれの社会の〔年齢で成員を区分し、長幼順に序列化する〕年齢階梯《かいてい》集団のひとつにとっての神なのであり、他の本物の神々との違いは、大人が自分の子どもにその実在を信じさせ、あれこれ神秘化の手段を用いてその信仰をどうにか保とうとする半面、大人自身はサンタクロースの実在を信じていないということだけである。

したがって、サンタクロースはまず、幼い子どもと青年や大人とを隔てるある弁別規定の表現だといえる。このような点からいえば、その規定は、民族学者がこれまでに多くの社会で研究してきた信仰と実践、つまり通過儀礼や加入儀礼からなる巨大な集合と関連づけられる。実のところ、ほとんどの人間集団では、それがどんな形を取るかはともかく、子ども（ときには女性も含まれる）が成人男性のつくる社会から締め出されるが、そのためには、何らかの謎を知らせないでおくことや、若い世代を自分たちの一員として迎え入れるしかるべき時期に明かすまで大人が独占する――入念に維持されてきた――何かしらの幻想への信仰が用いられる。こうした儀礼は時として、われわれがここで検討しているサンタクロースをめぐる儀礼と驚くほどそっくりに見える。例えば、アメリカ合衆国南西部のインディアン[11]が信仰する〈カチーナ〉とサンタクロースとの類似にはどうして驚かずにいられようか。特殊な衣装を身にま

[11] 南西部のインディアン……ここではプエブロ・インディアンに分類される部族のうち、ホピ、ズニ、ラグナなどの人々を指すと考えられる

とい、仮面をかぶったカチーナたちは神や先祖の霊の化身である。ダンスをしたり、子どもたちに罰や褒美を与えたりするために一定の周期で村に来訪するカチーナには、なるほど、それが伝統の変装に扮した自分の両親や身近な人間だと子どもにさとらせない工夫が凝らされている。クロックミテーヌ[12]や鞭打ちじいさんといった、今日では後景に追いやられた存在とサンタクロースが同類であることも明らかである。実証的・合理主義的精神の発達で、カチーナもサンタクロースも同じように断罪されることが十分ありえたにもかかわらず、懲罰的な〈カチーナ〉が教育上よろしくないとして取り締まられる傾向にある一方、サンタクロースは温情的な人物として称揚されているのはたいへん意味深長である。この点では、教育方法の合理化が進んだとは言えない。なぜなら、鞭打ちじいさんと同じくらいサンタクロースも《合理的》ではないからである（この点、教会の見解は正しい）。われわれが目撃しているのは神話的な転位であり、説明されなければならないのはむしろ、このことなのである。

イニシエーション儀礼や神話には人間社会における実際的機能があることは間違いない。こうした儀礼や神話は、年長者が年少者を社会の秩序に組み入れ、服従させるのに役立つ。われわれも一年中、サンタクロースを引き合いに出しては、よい子にしていれば気前よく贈り物をはずんでもらえるはずだと子どもに言い聞かせて、その来訪を口にする。それに、贈り物が周期的に届けられることも、子どもたちのわがままをしつけたり、贈り物を要求する〈権利〉を持つ時期をごく短期間に絞らせたりするのに、たいへん好都合である。しかし、この単純な言明でさえ、功利主義的説明の枠組みを破綻させるには十分である。そもそも、子どもに権利があるという発想はどこから来るのだろう。子どもの権利が、その行使を抑制し制限するために複雑で高くつく神話や儀式を作り出さなければならないほど、重い強制力となって大人たちにのしかかるのはいったいなぜだろう。サンタクロース信仰が、大人たちが面白おかしく行う単なる〈子どもだまし《ミスティフィカシオン》〉などではないことは、ここからただちに見て取れる。大づかみに言うなら、それは二世代間で取り交わされる、かなり高くつく〈取引〉の結果である。家に飾りつける常緑の植物――モミやヒイラギ、キヅタ、ヤドリギ――と同じく、それは総体としての儀礼の一部をなしている。こうした植物はいまでは無償のぜいたく品であるが、少なくともいくつかの地方ではかつて、住民の二つの身分のあいだで〈交換〉される品物だった。例えば、イングランドでは一八世紀末頃までは、クリスマス・イヴになると女たちが家から家へと寄進を集め歩き、寄進した人々にお返しとして緑の小枝を差し出す〈善行《グッディング》〉に繰り出した。現代の子ど

¶12 クロックミテーヌ……フランス語圏でしつけの際に持ち出される、子どもを脅かす伝説上の怪物

もたちも、これと同じような駆引きを繰り広げる関係にあるといえるだろう。聖ニコラウスの[13]寄進集めに際して子どもたちがしばしば女装していたことも付け加えておこう。つまり、女性と子ども、いずれの場合もイニシエーションは受けていないのである。

　これまでずっと十分な関心が向けられてこなかったように思われるが、これらはイニシエーション儀礼のきわめて重要な側面をなしており、先の段落でふれた功利主義的な考察よりもはるかにことの本質を照らし出している。先に挙げたプエブロ・インディアンに固有のカチーナの儀礼を引き合いに出してみよう。カチーナの取り憑いた人物が実は人間であることが子どもたちに伏せられているのは、単に神を畏れさせ、敬わせて、それ相応にふるまうように子どもたちを仕向けるためにだけだろうか。そうとも言えるが、それはおそらくこの儀礼の二次的機能にすぎない。なぜなら、起源神話が申し分なく注意を促しているもうひとつの説明があるからである。その神話によると、カチーナは、先祖が移住してきた頃に川で溺れて劇的な最期をとげた、原住民の初めての子どもたちの魂だとされる。したがって、カチーナは死の証しであると同時に、死後の生が存在することの証しでもある。それだけではない。神話によれば、現在のインディアンの祖先がようやく村に定住した頃、村に毎年カチーナがやって来るようになり、去り際に子どもたちを連れ去っていたという。子どもたちがいなくなって悲嘆に暮れた人々は、仮面とダンスを用いて毎年カチーナを自分たちが演じるのと引き換えに、カチーナにはあの世に留まっていてもらうという約束を取りつけた。したがって、子どもたちがカチーナの秘密から排除されているとしても、それはまずもって、子どもを脅かすためではないのである。わたしはあえて、それとは逆の理由があると言うことにしたい。つまり、子どもたちこそカチーナ〈である〉ことがその理由なのである。大人たちがその神秘化《ミスティフィカシオン》で妥協を図ろうとしている現実を体現するのがまさに子どもたちであるからこそ、子どもたちは神秘化の外に置かれるのである。子どもの居場所は別にある。子どもは仮面や生者のかたわらではなく、神々や死者のかたわらに、そして、死者である神々のかたわらに位置する。ということは、死者が子どもなのである。

　このような解釈はおそらく、あらゆるイニシエーションの儀礼に、さらには、社会が二集団に分割されるすべての場合にまで拡張できそうである。《非・イニシエーション》は決して、無知や錯覚、あるいはその他の否定的な含意から定められるような欠如状態のことではない。

¶13
聖ニコラウス……ミュラのニコラウス。三世紀後半、小アジアの生まれ。誘拐されて桶に漬けられた子どもを蘇生させた奇跡などが伝わるイニシエーションを受けた者と受けていない者のあいだには、ある種のポジティヴな関係がある。一方が死者を表し、もう一方が生者を表わす二集団間の補完関係である。しかも、それぞれの役割は儀礼の最中にさえ入れ替わり、それが何度も繰り返される。この二元性が生み出す視点の相互性は、合わせ鏡のように互いを無限に映し合うことができるからである。死者はイニシエーション済みでないが、それはイニシエーションを超えた存在だということである。しばしば見られるように、新入りを怯えさせるために死者の亡霊を体現するのが大人の役割である一方、その後の儀礼のある段階で亡霊を追い散らし、もとの場所に戻るように警告するのは新入りの役割である。本稿の主題から逸れてしまうので、この考察を掘り下げるのはここでは差し控える。さしあたり、以下のことだけを頭の片隅に置いておけば十分である。サンタクロースにまつわる儀礼や信仰は通過儀礼の社会学に属しており（そのことに疑いの余地はない）、その限りにおいて、子どもと大人の対立の背後には死者と生者というさらに深い対立が控えていることを、それらは明らかにしているのである。

*

いくつかの儀礼の機能とその根拠となる神話の内容について、もっぱら共時的分析を試みた結果、われわれは前節までの結論に至った。ただ、通時的分析によっても同じ結果にたどり着くことができるだろう。なぜなら、サンタクロースの起源が、歓喜の神父つまり〈阿呆神父《アッバス・ストゥルトルム》〉や、〈乱痴気卿《ロード・オブ・ミスルール》〉¶14を英語からそのまま訳した乱痴気神父にあるということで、宗教史家や民俗学者の意見はおよそ一致しているからである。これらの登場人物たちは、いずれもある一定期間だけクリスマスの王となる者であり、古代ローマのサトゥルヌス祭の王の役回りを引き継ぐ者たちと考えられる。もっとも、この祭は〈怨霊たち《ラルウァ》〉、すなわち、暴力で非業の死を遂げたり、埋葬されず捨て置かれたりした死者の祭だった。そして、子どもを貪り喰う年老いたサトゥルヌスの陰に、それと対称をなすさまざまな人物の表象が浮かび上がる。子どもたちを喜ばせるサンタクロース、角の生えた地下世界の魔物であり子どもたちに贈り物を運んでくるスカンディナヴィアのユルボック、子どもを蘇らせては山ほど贈り物を与える聖ニコラウス、そして早世した子どもの化身であるカチーナなどである。その際、カチーナたちの役割はいつしか、子どもを殺すことから、懲罰を与えたり贈り物を与えたりすることに変化している。サトゥルヌスの太古の祖型がカチーナと同じく豊穣の神だったことも付け加えておこ

¶14 乱痴気卿……一五、一六世紀イングランドにおけるクリスマス祝宴の司会者を指す

う。実際に、サンタクロースあるいはペール・ノエルという現代の人物像は、歓喜の神父、聖ニコラウスの名のもとに選任される子ども司教、聖ニコラウス自身など、異なるいくつもの人物像が融合して生み出された。靴下や靴、煙突などの信仰も、聖ニコラウスの日を直接の起源としている。歓喜の神父が降り立つのは一二月二五日、聖ニコラウスの日は一二月六日、そして、子ども司教が選出されるのは幼子殉教者の日、[15] 一二月二八日である。スカンディナヴィアのユール〔冬至祭〕が執り行われるのも一二月のことである。そしてわたしたちは、ホラティウス[16]が語る〔サトゥルヌス祭の期間中、奴隷も含めすべての人々に許される〕〈一二月の自由《リベルタス・デケムベルス》〉までまっすぐ遡ることになる。デュ・ティロ[17]は、すでに一八世紀の段階で、クリスマスとサトゥルヌス祭の関連を示すにあたってこのことに言及している。

　儀礼や慣習を単なる過去の残存物とする説明はつねに不十分である。慣習は理由なしに消滅することも残存することもないからである。慣習が存続するとき、その原因は歴史の粘性よりも、それが果たし続けている機能のうちに求められる。そして、これこそ現代の分析が明らかにすべき課題にほかならない。ここまでの議論で、プエブロ・インディアンの事例をとりわけ大きく取り上げてきたことにはそれなりの理由がある。それは、われわれの制度とのあいだに、〔比較的新しい一七世紀のスペイン人からの影響を別にすれば〕いかなる歴史的関係性も想定できないからである。このことから、クリスマス儀礼を持つことでわれわれは単なる歴史の名残りではなく、社会生活のもっとも普遍的な条件を反映した思考や行動の様式を目の当たりにしているのだということが見えてくる。サトゥルヌス祭と中世の降誕祭の祝宴は、それなしには説明がつかず意味をなさない儀礼の究極的根拠ではない。ただし、〔時代や地域を超えて繰り返し現れる〕回帰性のある諸制度の奥にひそむ意味を引きだすには有効な比較材料のひとつを提供してはくれるのである。

降誕祭の祝宴の非キリスト教的な側面がサトゥルヌス祭と似ているからといって、驚くにはあたらない。教会がキリストの降誕日を〔三月や一月ではなく〕一二月二五日と定めたのは、異教の祭をキリストの記念祭に置き換えるためだったと推測できる十分な根拠がある。そもそも一二月一七日に行われていたこれらの異教の祝祭は、帝政ローマ末期には七日間に延長され、

¶15 幼子殉教者の日……イエス・キリストの生誕から三日後、ヘロデ王の命令でベツレヘム中の男子が殺されたことにちなむ

¶16 ホラティウス……前六五～前一八。古代ローマの詩人。『風刺詩』のなかでサトゥルヌス祭の様子を伝えている

¶17 デュ・ティロ……一七一一～一七七四。フランス出身の啓蒙主義の政治家

一二月二四日まで行われるようになった。実は、古代から中世にかけての《一二月の祭》には、同一の性格が見て取れる。緑の植物による飾りつけ、贈り物の交換、もしくは子どもへの贈与、乱痴気騒ぎと饗宴、そして、金持ちと貧乏人、主人と従者のあいだの親睦などである。

これらの事実をさらに念入りに分析すると、驚くべき構造の類似性がいくつか現れてくる。ローマ時代のサトゥルヌス祭と同じく、中世の降誕祭も異種混淆的で対立する二つの性格を帯びていた。それは、結集《ラサンブルマン》と聖餐《コミュニオン》である。つまり、階級や身分の区分が一時的に廃され、奴隷や従者たちが主人の食卓に着き、主人がこの者たちの使用人となる。そして、豪勢に盛りつけられた食卓が万人に開かれる。男女は互いの衣服を取り替える。ただ、同時に社会集団も二つに分裂する。若者たちは独立集団を形成して、自らの君主である若者神父、あるいはスコットランドでは〈乱痴気僧院長《アボット・オヴ・アンリーズン》〉を選出する。この称号が示すように、若者たちは傍若無人に振る舞い、他の人々の常識を踏みにじるような乱行に身をゆだね、ルネサンス期までは冒瀆、窃盗、強姦、さらには殺人にまで及んだ。サトゥルヌス祭同様、クリスマスの期間も、〈強まる連帯感〉と〈高揚する敵対感〉という二重のリズムに沿って社会が揺れ動く。この両面は相関する一対のものとして与えられる。歓喜の神父という登場人物は、このふたつの相のあいだで、ある種の媒介者の役割を演じる。この人物は上の権力に承認され、叙任されてもいた。その務めは若者たちの乱行の指揮をとると同時に、それを一定の限度内に抑えることだった。この登場人物とその遠い子孫であるサンタクロースとのあいだに、そしてその両者が果たしている機能のあいだには、どのような関係があるのだろうか。

ここで慎重に区別しておかなければならないのが、歴史的視点と構造的視点である。すでに述べてきたように、歴史的に見れば、西ヨーロッパのサンタクロース伝承は、煙突や靴下への偏愛とともに比較的に新しく誕生したもので、一二月初めに行われていた聖ニコラウス祭が三週間後ろにずれ、降誕祭に吸収されて生まれた。若い神父が老人に変わったのもこのことから説明がつく。だが、説明できるのは一部分にすぎない。その変換はそれ以上に体系的であり、歴史的なつながりや暦の上での偶然の一致だけでは説明しつくせない。ある一人の実在の人物が神話的な登場人物になった。そして、若者のなかから登場する大人への対抗心を象徴していた人物が、子どもに温情的に振舞う熟年期の大人のシンボルに変貌した。乱行の唱導者は善行に報いる役回りを担わされることになった。親に公然と反抗する若者たちに取って代わるのは、つけ髭で自らの姿を偽りながら子どもの願いを叶えてやる親である。想像上の媒介者が現実の媒介者に取って代わると、その本性が変化するだけでなく、媒介作用も逆向きに作動し始める。

以下の論点はこの論争にとっては本質的でなく、議論を混乱させかねないため、ごく簡単に述べるだけにする。現代社会では、年齢階梯集団としての《若者組《ジュネス》》はほとんどなくなってしまった（数年前から再編成の試みが散見されるものの、それが今後どんな結果をもたらすか判断するにはまだ時期尚早である）。かつての慣習では、幼な子・若者・大人という三集団それぞれに役割が与えられてきたが、（少なくともクリスマスに関する限り）現代では、大人と子どもの二集団だけが前提となっている。したがって、クリスマスの《無分別・乱痴気》もその足場を大幅に失ってしまったといえるだろう。乱痴気騒ぎは舞台を変えるとともに、かつての勢いも失った。クリスマス・イヴの晩のキャバレーでの宴や、聖シルベスターの夜[18]のタイムズスクエアでのカウントダウンなど大人に受け継がれているだけである。ここではそれより、子どもの役割を検討してみよう。

　中世の子どもは、おもちゃが煙突から落ちてくることを、期待に胸を膨らませて待っていたわけではない。古いフランス語で「やつし《ギザール》」と呼ばれたことからもわかるように、多くの場合、変装をして徒党を組んだ子どもたちが、歌ったり、誓いを立てたりしながら、家々を次から次へと巡り歩いて、引き換えに果物やお菓子を受け取った。示唆的なのは、贈り物を求める子どもが、死を想起させて自らに箔を付けることである。例えば、一八世紀のスコットランドでは、子どもが次のような一節を口ずさんだという。

眠るな奥さん、ぼやぼやなさんな
元気なうちはパンをおくれよ
いずれあんたにお迎え来たら
食事もパンもねだりはしないさ〔原註1〕

この俗謡から得られる貴重な手がかりや、それに劣らず重要な、子どもが精霊や幽霊に扮する変装といった手がかりがたとえなかったとしても、子どもたちの寄進集めの研究から別の手がかりを引き出すことができるだろう。寄進集めは周知のとおり、クリスマスに限ったものではない〔原註2〕。それが行われるのは秋が深まりゆく時期である。その時期には、死者が生者を攻め立てるように夜が昼を脅かす。クリスマスの寄進集めは、降誕祭に先立つこと数週間、

¶18 聖シルベスターの夜……キリスト教圏での大晦日の呼称。ローマ教皇シルウェステル一世の記念日

おおむね三週前に始まる。したがって、死んだ子どもを蘇らせる聖ニコラウスの祝日に行われる仮装の寄進集めと降誕祭の寄進集めは一体であることがわかる。そしてその性格は、この季節の最初の寄進集めであるハロウィン[¶19]——教会の定めで万聖節[¶20]の前夜祭となっている——を見るとさらに明確になる。この日、アングロサクソン圏では今日でも、子どもが幽霊や骸骨に変装して大人に付きまとい、大人は平穏を取り戻すにはささやかな贈り物を捧げるしかない。秋口から光と生命の復活を期す冬至にたどり着くまで季節は深まっていくが、儀礼もその流れに沿うように弁証法的な展開を見せる。まず、死者が帰還して人々を脅かし、うるさくつきまとう。次に、奉仕や贈与のやり取りに基づいて生者とのあいだに〈暫定協定《モドゥス・ヴィヴェンディ》〉が結ばれる。そして、クリスマスに目いっぱいの贈り物をもらった死者が立ち去って、次の秋までの平穏を生者にもたらすことで、ようやく生者に勝利が訪れる。ラテン系のカトリック諸国とアングロサクソン系諸国とで、一九世紀までに一連の儀礼をめぐって重心の置き方に違いが出てきたのは、実に注目すべきことである。前者では、いわば死者と生者がもっとも〈穏便に〉関係を取り結ぶ聖ニコラウス祭が重視されるようになったのに対して、後者ではむしろ、子どもが死者に変装し大人を脅かすハロウィンと、大人が子どもに贈り物を与えてその生命力を寿《ことほ》ぐクリスマスという、極端で二項対立的な二形態へと儀礼を二重化させている。

＊

こうして、一見すると矛盾をはらんでみえるクリスマス儀礼の謎が解けてきた。三ヶ月にわたる死者の生者への来訪は、日に日に執拗で圧迫的なものになってゆく。そこで、人々はあえて休日を使って死者のための祝宴を張ったり、死者が気兼ねなく本性を現して、英語で言う〈馬鹿騒ぎ《レイズ・ヘル》〉をする最後のチャンスを与えることにした。問題は、生者からなる社会で死者を具現できるのは誰かということである。何らかの意味で社会に十分に統合されておらず、ある種の〈他者性〉を帯びた人々以外にそれは考えられない。〈他者性〉こそ死者と生者というこれ以上ない二元論の刻印そのものだからである。そのため、外国人や奴隷そして子どもが祝宴の主要な受益者になっていても驚くにはあたらない。政治的・社会的身分の低さや年齢の低さも同じように他者性の指標とみなされうるだろう。実際、とくにスカンディナヴィア圏やスラ

¶19 ハロウィン……古代ケルト起源の新年と冬を迎える祭で、一〇月三一日に行われる。この日の夜、死者の魂が家に帰るとされた

¶20 万聖節……一一月一日。キリスト教のすべての聖人を記念する祝日

ヴ圏には、クリスマス・イヴの晩餐がもともとは死者に捧げられた晩餐だったことを示す無数の証言が存在する。そこでは招待客が死者役を務め、子どもは天使役を演じる。その天使たちも死者を象徴している。したがって、クリスマスと（その分身である）新年とが贈与の祭であるということは、驚くにはあたらない。死者の祭は本質的に他者の祭である。他者であることこそ、死についてわれわれが思い描くことができるもっとも近接したイメージだからである。

ここで、本稿の冒頭でわれわれが提起したふたつの疑問に答える用意がようやくできた。それは、どうしてサンタクロースという登場人物がここまで発展したのか、そして、教会がどうしてこの発展に不安を抱くのかという疑問だった。

サンタクロースが乱痴気神父の後継者であると同時に、その反対命題でもあることはすでに見たとおりである。この変容はまず、われわれが死ととりもつ関係が改善したことの徴候である。われわれはもはや、死を遠ざけておくには法や秩序の周期的攪乱を是認するしかないとは考えない。むしろ、死との関係はいささか上から目線とも言える温情主義的な形をとるようになった。おもちゃのような形ばかりの贈り物を捧げるだけで、死に対して寛容に振る舞い、主導権を握ることができるようになったのである。しかし、こうして死者と生者の関係は影をひそめていったにせよ、それを体現する人物まで姿を消したわけではなかった。それどころか、その人物はこれを糧にむしろ発展したとさえ言えそうである。この逆説は、次の事実を認めなければ理解できないだろう。つまり、死に対するもうひとつの態度が現代人のあいだに広まっているという事実である。精霊や亡霊に対する伝統的な畏れよりも、窮乏や渇き、欠乏など、人生において死そのものが表象している一連の状況に対する畏れがそれにあたる。われわれがサンタクロースに注ぎ込む愛情ゆたかな気遣い、子どもの目に映るサンタクロースの完全無欠な権威を守ろうとする気遣いや犠牲的努力に思いを巡らせてみよう。それは、際限のない気前のよさや下心なしの親切心を、そして、あらゆる畏れや妬み、辛さが束の間であれ棚上げになる幕間のひとときを、たとえ少しでも信じていたいという願望が、われわれの心の奥底で夜通しうずき続けているからではないだろうか。おそらくわれわれは幻想を完全に共有することはできないに違いない。それでもこのような努力を正当なものにしているのは、それが他者のあいだで受け止められ、その若い魂に灯された火によって自分たちも温まる機会が得られるからである。われわれは子どもに、クリスマスのおもちゃがあの世から来たものだと信じさせる。だがそれは、子どもに与えるふりをして、自分たちが秘かにあの世に贈り物をするための口実なのである。このようにして、クリスマスの贈り物はいまなお、ともかく死んではいないことの喜びとしてではあるが、生きる喜びを享受するための犠牲であり続けている。

サロモン・レナック[21]はあるとき、たいへん深遠な口ぶりで、古代宗教と現代宗教の大きな違いは「異教徒は死者に向けて祈りを捧げるが、キリスト教徒は死者のために祈る」ことだと述べた〔原註3〕。異教徒が死者に捧げる祈りとわれわれがクリスマスに実践する儀礼とのあいだにはおそらく大きな隔たりがある。われわれは毎年この時期に、しかも年を追うごとにますます――伝統的には死者の化身であった――幼な子に祈りを捧げるのだが、その祈りには数々の神頼みが混入している。幼な子にサンタクロースの存在を信じ込ませながら、われわれが生にしがみつくための助けになってもらおうとしているのである。われわれは複雑な糸を解きほぐすことで、両者の連続性を示し、それらが同一の現実のふたつの表現形式であることを明らかにした。したがって教会が、現代人における異教思想のもっとも強力な拠点、そのもっとも活発な中心のひとつだとしてサンタクロース信仰を告発したのは、あながち間違いとは言えない。問題は、はたして異教を信奉する権利を自ら擁護することが現代人に許されているかどうかである。締めくくりに、最後の指摘をしておこう。サトゥルヌス祭の王から〔火あぶりにされた〕サンタクロース人形までの道のりは果てしない。その過程でサトゥルヌス祭の王の――おそらくは最古の――本質的な特徴は決定的に失われてしまった。というのも、フレーザー[22]がかつて示したように、サトゥルヌス祭の王自身がさらに古い祖型を受け継いだものだからである。その原型となる人物はサトゥルヌス王を具現したもので、一ヶ月あまりにわたって、ありとあらゆる乱行にふけった後、犠牲として厳かに神の祭壇に捧げられたという。それならば、ディジョンの火刑《オートダフェ》はある意味で、この原型となる英雄をあらゆる面をそなえて復活させたと言えなくもない。サンタクロースに引導を渡そうとしたディジョンの教会は、数千年紀にわたる空白ののちに、ひとつの儀礼的形象をその完全体で復活させてしまったのである。その儀礼的な形象を破壊するつもりで、言うなれば、その永遠性を立証してしまったことになる。この奇妙な事件の逆説の意味は決して小さくはない。

原註

[1] Cit. par J. Brand, *Observations on Popular Antiquities*, n. éd., London, 1900, p. 243.

[2] この点については、A. Varagnac, *Civilisation traditionnelle et genre de vie*, Paris, 1948, p. 92, 122 などを参照のこと。

[3] S. Reinach, « L'origine des prières pour les morts », dans *Cultes, mythes, religions*, Paris, 1905, t. I, p. 319.

¶21 サロモン・レナック……一八五八～一九三二。フランスの考古学者・宗教史家

¶22 フレーザー……一八五四～一九四一。英国の人類学者、民俗学者。西洋古典・民俗学資料を博捜し、著書『金枝篇』に人間の宗教的思考の諸形態を集成した

46

まるであべこべ

一九八九年八月七日

*

« Tout à l'envers »

«Se il mondo è alla rovescia»

7 / 8 / 1989

二五〇〇年ほど前にエジプトを訪れたヘロドトスは、別の土地で目にしたものと反対の慣習の数々を前にして驚愕した。エジプト人は何をするにもよその人々とはあべこべに行うと彼は書いている。女が市場で商いをする一方、男が家で機織りをする。しかも、織るときはよその国のように緯《よこいと》を下から上へ押し上げるのではなく、上から下へ押して織る。女は立って小便をし、男はしゃがんでする。[1] まだまだ列挙できるのだが、このくらいにしておこう。

これより現在にずっと近い一九世紀の終わりに、長く東京大学の教授をつとめたイギリス人、バジル・ホール・チェンバレンは、事典の体裁をとった著書『日本事物誌』の一項目を「あべこべの国《トプシー・ターヴィダム》」[¶2]と題した。というのも「ヨーロッパ人が自然で当然だと考えているのとまったく逆のやり方で日本人は多くの物事を行うと、しばしば言われてきた。日本人からすれば、われわれの仕方も同じように理解に苦しむものに違いない」。その後に続く一連の事例は、自分の同胞の目には異国風に映るとして二五世紀前にヘロドトスが挙げたもろもろと呼応している。

チェンバレンの挙げた事例にはおそらくヘロドトスほどの説得力はない。日本語書記法だけが世界で唯一、右から左に読むわけではなく、町の名から始めて、通り、番地と続き、最後に宛名が来るように手紙の宛先を書くのも日本固有のことではない。ヨーロッパ型ドレスに飾りを付ける難しさは明治時代の縫子《ぬいこ》を苦しめたが、それは日本人の民族気質の特筆すべき点を示

¶1　女が市場で〜しゃがんでする……ヘロドトス『歴史』上、松平千秋訳、岩波文庫、一九七一年、一八三頁。巻二、三五の記述による

¶2　「あべこべの国」……チェンバレン『日本事物誌』二、高梨健吉訳、平凡社東洋文庫、一九六九。ただし、訳文は邦訳によらず、本書原文から直接訳出した

しているとは必ずしも言えない。むしろ、その縫子が針に糸を通そうとするとき、糸を針穴に持っていく代わりに、動かないようにした糸に針の穴をあてがうことや、われわれ西洋人がするように布に針を刺す代わりに、針の上で布を走らせて縫うことのほうがずっと印象的だろう。日本ではかつては〔西洋や現代の乗馬法のように左側からではなく〕右側から騎乗し、馬を後ずさりさせて厩《うまや》に入れていた。

日本の指物師《さしもの》が鋸《のこぎり》を使うとき、道具を前に押し出すわれわれのような仕方ではなく自分の側に引き寄せて木を切るのを、外国から訪れた人々はいつも驚きをもって書き留めた。鉋《かんな》、つまり両柄の刃物の同じような使い方も驚きの種だった。左足でろくろを蹴り、時計回りに回転させる日本の陶工は、右足で蹴り逆に回転させるヨーロッパや中国の陶工とちょうどあべこべになっている。

こうした作法は日本をヨーロッパとだけ対立させるわけではない。分割線は日本列島と大陸アジアのあいだを通っている。日本は、他のほとんどの文化的要素と同時に、どこにでもある前に押して切る型の鋸も中国から取り入れた。ところが一四世紀以降、この型の鋸は新たに日本で発明された別の物、つまり引いて切る鋸に取って代わられたのである。一六世紀に中国からもたらされた、押して掛ける鉋もそのおよそ百年後、同じように、引いて掛ける型の鉋に地位を譲った。これらのイノベーションに共通する性質をどのように説明すればよいだろうか。

ケース・バイ・ケースで解決を試みることもできるだろう。例えば、日本には鉄鉱石が乏しく、押し鋸ほどは厚みが必要でない引き鋸に甘んじたのだという具合に、経済を理由にしてみる。ただ、この論拠は鉋にも有効だろうか。同じ原理に基づいている針への糸の通し方や縫い方の違いにこの論拠をどのように適用すればよいか。そのたび説明をいちいち探していては、想像力を濫用《らんよう》しなければならず、際限がなくなるだろう。

そうこうするうちに、ある一般的な説明が思いつかれることになる。日本人が男女を問わず作業動作を自分に向ける、つまり、外向きにではなく内向きに作業するのは、家具調度品が最小限に抑えられる、うずくまった姿勢をこよなく愛するのが理由ではないか。そして、仕事場に家具備品がないため、職人は自分自身を支点にするほかなくなったのだ、というのである。この説明はあまりに単純すぎて、日本に限らず、よく似たことが観察される世界の他地域についても援用されてきた。

商売もうまくいっていたボストンの仲買人、J・G・スワンは、一九世紀半ばのある日、のちのゴーギャンのように家族をなげうって郷里を遠く離れ、原初の素朴さを探しに旅に出る決心をした。その彼の記録にも、かなり文化的同化の進んだアメリカ合衆国北西海岸のインディアンがナイフを「われわれが羽根ペンを削るときにするように」自分に刃を向けてしか使わず、ことあるごとにうずくまって仕事をしたと記されている。作業姿勢と道具の取り扱い方が関係することに異論はないだろう。残るは、一方がもう一方の説明となるのか――だとすれば、どちらがどちらを説明するのか――、それとも、これらは同一現象の二つの側面であり、探求すべき一つの原点があるのか、それを突き止めることである。

わたしの友人にたいへん旅慣れた日本人女性がいて、ある日「夫のシャツの襟《えり》を点検すれば、それぞれの街の環境汚染の度合いが判定できる」と話してくれたことがある。思うに、このような筋道でものを考える西洋人女性はまずいない。むしろ、自分の夫の首が清潔でないと考えるに違いない。つまり、彼女らは外面的結果を内面的原因に帰すはずである。その推論は内から外へと向かうのである。他方で、日本人女性の友人は外から内に向けて推論しており、縫子が針に糸を通したり、指物師が材木に鋸や鉋を引いて掛けたりする日本の仕方と同じ動きを、思考のなかで働かせているのである。

わたしの気を引いた小さな事実に共通する理由を、この事例ほどたくみに解き明かしてくれるものは他にない。西洋の思考が遠心的なのに対して、日本の思考は求心的なのである。こうした考え方は、西洋人のようにフライ油に「沈める《プロンジェ》」のではなく、その外へ「上げる《エルヴェ》」

「持ちあげる《スルヴェ》」「引きあげる《ルティレ》」つまりは「揚げる」と言い表す料理についての言葉遣いにも及んでいる。そして、さらに一般的に言うならば、日本語の統辞法¶3は一般から特殊へと順に限定するように文を構成し、主題は後にくる。家を空けて外に出るとき、日本人はたいてい「行ってまいります」、つまり「出て行って **m'en allant**・戻ってきます **je reviens**」と言うのだが、この言い回しでは、「行って **m'en allant**」は、動詞「行きます」のジェロンディフ¶4であり、外に出るという事実は弱められて、戻ることが主な意図であるという事情が明確にされる。日本の古代文学では、旅することは何かつらい経験、戻りたいとつねに切望する「内部＝ウチ」との別離とみなされるのである。

西洋の哲学者たちは主体の考え方に対する態度の違いから、極東の思想を自分たちの対極に置く。その様態はさまざまだが、ヒンドゥー教、道教、仏教のいずれも、西洋にとって第一の明証性をなすもの、つまり自我の明証性を認めない。これらの教えはひたすら、自我の虚ろな性質を明らかにしようとする。これらの教えにとって各々の存在は生物学的かつ心的な現象の

¶3　統辞法……シンタックス。語が結びついて文を構成する際の文法上の仕組み

¶4　ジュロンディフ……フランス語の文法のひとつ。英語の分詞構文に似た働きをする

一時的な配置でしかなく、《自我《ソワ》》のような持続的要素は伴わない。それは消滅を運命づけられた単なる仮初《かりそ》めの姿なのである。

ところが、相も変わらず独特な日本思想は、われわれの西洋哲学と同じくらい、他の極東のどの哲学とも異なっている。極東の諸哲学と違って、日本思想は主体を無効化しない。ただし、西洋哲学とは違って、主体をあらゆる哲学的反省の、つまりは、思考によって世界を再構築する試みの出発点にもしない。日本語のように人称代名詞を使用することを好まない言語では、デカルトの「我思うゆえに我あり」という言葉が、厳密な意味では言い表せないと言われるほどである。

日本思想はわれわれのように主体を原因に仕立てあげる代わりに、それをひとつの結果とみなす。西洋哲学は主体について遠心的である。他方、日本の哲学は求心的であり、主体を筋道の終わりに置く。この心的態度の違いはまさしく、われわれがこれまで見てきた、道具の正反対の用い方に表面化している差異と同じものである。つまり、職人がつねに自身へと動作を向けるのと同じように、日本社会もまた自意識を終点にする。互いが入れ子になっていて少しずつ社会集団や職業集団が範囲を狭め、限定されていくその先で、最後に自意識が生じるのである。個の自律という西洋の先入観に相当するものを日本で探すならば、「ウチ」という語が指し示す一つないしは複数の所属集団に応じて、個人の側で自己規定がつねに求められることがそれにあたる。ウチは「家屋」のみを指すわけではない。家屋のなかの奥の部屋という意味もあり、そこに通じ、それを取り囲む他の部屋と対照をなしている。

日本思想が自我に対して認めるのは二次的で派生的な実在性でしかなく、自我は人々が目指して憧れる中心になることはない。このように把握された日本の社会的、道徳的体系には、中国でなら組織立った祖先祭祀と親への忠孝の実践によって支えられてきたであろう絶対的秩序が存在しない。日本では、老人は家長を退くと権威を失い、もはや重んじられなくなる。しかもこの領域では、相対的なものが絶対的なものに優越する。つまり、家族と社会は絶えず再中心化を遂行しているのである。深層にあるこの傾向のために、理論には不信感が差し向けられ（「タテマエ」）、実践には優位性が与えられる（「ホンネ」）ことになるといってよい。

ただ、日本人の生活が相対的なものや非恒常的なものに支配されているとしても、それは以下のようなことを含意するように思われる。つまり、何らかの絶対的なものが、個人意識を取り囲むように自らの居場所を見出して、個人の内側にはない骨格を付与しているに違いないということである。近代日本史上で天皇権力の神的起源説のドグマ、人種的純粋性への信仰、他民族との比較による日本文化特殊論が果たした役割はおそらくそこにある。どんな体系でも、

54

それが存続可能であるためには、体系を構成する諸要素に対して、内在的であれ外在的であれ一定の堅固さが必要となる。個人とそれを取り囲むものとの関係をめぐる理解の仕方が自分たちとはあべこべなために西欧人をたいへん困惑させるが、日本が一九世紀、二〇世紀に被った逆境を乗りこえることができ、今日手中に収めた成功の手段を個人意識の内部に保たれた柔軟性のなかに発見できたのも、部分的には、体系のこのような外的な堅固さによるものではないだろうか。

社会には一種類の発展しかありえないのだろうか

一九九〇年一一月一三、一四日

*

N'existe-t-il qu'un type de développement?

Marcanti in fiera, Contadino chissà perchè

13, 14 / 11 / 1990

現代のマヤの農民たちが行っている分散した小規模家族経営の農業で、先コロンブス期のメキシコや中央アメリカで巨大建造物を造営するのに集める必要があった数百から数千の働き手をどのようにして養えたのかという疑問は長いあいだ人々を悩ませてきた。考古学の発掘調査が進み、マヤの都市が王宮や宗教の中心施設に限られたものではないことが判明するに及んで、この疑問はさらに尖鋭《せんえい》さを増してきた。それは、面積が数平方キロメートルに達し、数万人規模の人口を擁《よう》する正真正銘の都市だったからである。領主、貴族、官吏、従者、職人などの食糧はどこから得ていたのだろうか。

二〇年ほど前から航空写真のおかげでその答えが分かるようになってきた。航空機から撮影した写真は、たいへん素朴な社会だと思い込まれてきたマヤ地方や南アメリカのいくつかの地域に、驚くほど複雑な農業体系の遺構があったことを明らかにした。コロンビアにあるそうした遺構のひとつは冠水する二〇万ヘクタールの土地に広がっている。キリスト紀元の幕開けから七世紀頃までに掘られた数千の排水路のあいだには、人の手で積み上げられ、常時灌漑《かんがい》されると同時に冠水も免れる、長さ数百メートルの盛り土が点在し、その上で耕作が行われていたのである。塊茎《かいけい》類を主要作物とするこの集約農業は、水路で行われる漁ともあいまって、一平方キロメートル当たり千人を超える住民を養うことができた。

近年では、チチカカ湖畔のペルー・ボリビア国境でも、紀元前一千年紀から紀元後五世紀まで利用されていた、八万ヘクタール以上の面積を持つ同じように整備された土地が見つかっている。旱魃《かんばつ》に加え、標高に起因する——海抜は四千メートル近くもある——長い凍結期もあるため、この土地は現在では質の悪い牧草地にしかならない。灌漑水路はこの難点を部分的にやわらげた。水路の水は湿度を一定に保った。さらに、昼間に貯蔵した熱を夜間にゆっくりと放出し、周囲の気温を摂氏二度ほど上昇させた。何度かの実験からこの農業技術がいまでも効果的であることが確かめられると、アンデス地方のいくつかのコミュニティは、忘却の数世紀を経てふたたびこの技術を使ってみることにした。これにより、生活水準は著しく改善された。これと類似した形態の集約農業は、もっとささやかな規模ではあるがメラネシアにもポリネシアにも以前から存在しており、現在も行われている。

このような事実が確かめられると、われわれがついうっかり習慣的に、いわゆる古代的社会とそれ以外の社会とを截然《せつぜん》と区分してしまうことについて再考するよう迫られる。前者はおそらく、実際には《未開》ではない。あらゆる社会がその背後に同じ長い歴史を持っているのだから。ところが、かつて神あるいは先祖によって創造された状態のままであり続けることを理想とすると明言し、人口規模を一定に維持する手立ても持ち、社会規範や形而上学的信仰によって守られた変わることのない生活水準をそなえて最近まで存続してきたこのような社会を、古代的と呼んでも差し支えないとわれわれは信じてきたのである。こうした社会も確かに変化を免れることはなかったが、少なくとも、永続的不均衡に甘んじてきたわれわれの社会とは異なっているように感じられる。われわれの社会で優勢なのは、単に生き残るためにも、獲得したと思ったものを失うことなく日々新たな利益を勝ち取るためにも、闘争が必要であり、時間でさえも決して十分には得られない稀少財だという考え方である。だとしたら、この二種の社会には公約数がないという結論が導かれることになるだろうか。先進国と言われる国々の農民や職人たちが最近まで保ってきた世界観や自己像は、われわれが異国の人々にあてがった世界観とさして違いがないばかりか、この二種の社会のあいだの関係も実際にはもっと複雑である。それ以前の一〇万、二〇万年については比較的情報があるのに対し、ヒト科が出現した二、三千年間の出来事の概略はほとんど何も知られていないに等しい。ところで、技術がこの時期に一定のペースで進歩しなかったということをあらゆる証拠が物語っている。進化は非連続的で、飛躍と長い停滞とが交互に出現した。場所や時期を限定すれば技術革新もなかったわけではない。人類の祖先は数十万年にわたり、丸い小石を選び出し、破片を打ち欠いて、扱いやすく尖らせることとしかしてこなかった。約二〇万年前のいわゆる《ルヴァロワ革命》の結果、技術は複雑化した。道具類の製造に適した明確に類型化された破片を、石の槌《つち》で燧石《すいせき》[¶1]の塊《かたまり》から剥離させるようにしてまず準備する。続いて、骨製の槌もしくは錐《きり》で破片を手直しするために、一五ほどの別々の作業が必要とされるようになった。こうして燧石の丸い小石は、道具そのものから道具製造の素材へと役割を変えた。いっそう素材を節約する《石刃》インダストリ[¶2]は、《剥片》インダストリと共存するか、それに取って代わった。刃そのものも最後には素材の仲間入りをする。細かく割られた小片が、錐や、鏃《やじり》、鋸《のこ》、鎌にするために木製や骨製の台座に埋め込まれるようになったのである。これは細石器インダストリと呼ばれる。

近東地域には数万年にわたって人々が継続的に居住した場所が知られているが、その期間を通じて石器技術や道具の形状に変化はなかった。先史時代に質的にも量的にも真の爆発的な技術の進歩が起こったことと対照的である。

質的な面で言えば、知られている最古の装身具はおよそ三万五千年前まで遡る。とりわけ南西フランスで出土するこうした装身具は、ときには数百キロメートルも離れた地域から持ち込まれた他産地の素材から製造されている。量的な面から言えば、先史時代に遡るものでありながら近代に用いる言葉どおりの意味で産業的といえる事業が世界中のいくつもの地域にあったことが知られており、市場の需要に応じて道具や日用品を生産していた。マドレーヌ期にあたる約一万五千年前には、南西フランスのピレネー山脈の裾野で部族をまたいだ市が開かれてい

¶1 燧石……フリント。珪質堆積岩チャートの一種。石器材料に適し、火打ち石にも利用された
¶2 インダストリ……相、複合、系統などとともに石器など先史時代の遺物群の階層的分類に用いられる分類群

た。その市で交易されたのは、大西洋や地中海から運び込まれた貝殻、地元産ではない燧石を成型した道具類、一五〇キロメートル以上離れた場所で完全に同じ型の標本が見つかることから何百個単位の量産品と推定される投槍器などだった。

ベルギーのスピエンヌでは地中からの燧石採掘が行われていた。地面のあちこちに掘られた立坑の深さは一五メートル以上に達し、坑道は五〇ヘクタールもの面積に広がっていた。そこには、おのおの専門に特化した工房があった。鉱夫用のつるはしや斧の粗仕上げをする工房もあれば、道具を最終的な形まで仕上げる工房もあった。イングランドのグリムスグレイヴスでは、チョーク[3]を数千立方メートルも採掘できる何百もの立坑が掘られ、燧石の団塊《ノジュール》を採取していた。フランスのロワール川南部にあるグラン＝プレシニーの鉱工業集積地域は全長一〇キロメートル以上に達した。その地方で採れる燧石は青銅に似た色をしていたためとりわけ評価が高く、そこで作られた道具や武器はベルギーやスイスにまで輸出された。青銅がごく限られた人々にしか持てない高価な産品だった時代に、金属製の武器を石で模したものが生産されていたのである。

文字は紀元前三四〇〇年頃に南メソポタミアに出現したが、一千年間はもっぱら、商品の在庫、税金の入金、土地の賃貸借契約、奉納品のリストを書き留めておくためにしか使われなかった。神話や歴史上の出来事、つまり、われわれが文学と呼ぶようなテクストが文字に書き留められるようになるのは、たかだか紀元前二五〇〇年以降のことにすぎない。このような実例のすべてが、現代世界だけではなく先史・原史時代のいくつもの時期にも生産本位の心性が存在していたことを示している。

したがって、われわれが古代的とか遅れているとみなした人々でさえ、石器、陶器、農耕などの多様な領域で大量生産が可能で、ときには現代のわれわれの水準を上回る成果を得ることもあった。ところが、それはつねに同一方向を指して前へ前へと歩む進化ではない。各時代で急速なイノベーションの後にそうでない踊り場にあたる局面が続くこともあるし、ときには、両局面が共存することもある。進化は一つではなく、多様な類型がある。

当惑を誘うこうした現象を理解するにあたっては、一部の生物学者による考察がインスピレーションを与えてくれる。種の進化は、無数の小さな変異の集まりのうち選択上の優位をもたらす変異だけを残してそれ以外の変異は抹消し、ゆっくりと累進的に起こるものだとする仮説をこの学者たちは支持しない。数十万年ときには数百万年も動植物種が変化しないままでい

¶3　チョーク……未固結の石灰岩。この層中に燧石が団塊状に産する

ることもある。個体群[¶4]に属する個体にさまざまな変異があっても、その安定性には影響しない。変異は補正され、最終的に打ち消される。逆に、種の水準に関わる変化は、不意に出現して、（地質年代的な時間尺度ではあるが）進行も速い。こうした変化はおそらく、いくらかの個体がその種の大多数から孤立状態になり、適応を迫られる新しい環境にあるときに生じる。技術進化と同じく、生物進化もまさに突発的に起こる。長期間の停滞に対して、短期間に大掛かりな変化が起こり、句読点のような区切り《ポンクチュエ》が入れられる（そのため、この理論は断続平衡説《ポンクチュアリスム》と呼ばれる）。それだけではない。進化は均質的な性格を持つどころか、視点の取り方しだいでまるで違う様相を呈する。進化は、個体群においては緩慢で段階的なもろもろの変異個体によって示される。種においては、その適応価がはっきりしない形質転換《トランスフォルマシオン》で示される。そして、種群の水準では、関与するそれぞれの種を個別にみれば長期間にわたり変化を被ることはない大進化《マクロ・エボリューション》[¶5]の形で示される。

現代のヒト――ホモ・サピエンス・サピエンス――は（おそらくはアフリカ大陸を出た後）およそ一〇万年前に近東で出現したというのが定説である。ところが現在の知見では、美に関わる初めての表現（装身具、彫刻、刻んだ骨や石）は、その六～七万年後にしか出現しなかったといわれる。しかも、それはまさに一挙に現れた。これを、生物学者たちの言う断続的進化の一つの実例とみることもできそうである。とりわけアルタミラ洞窟、ラスコー洞窟に見られる一万五千年前から二万年前の南西ヨーロッパにおける、目もくらむような完成度を示す洞窟美術の出現にも同じことが言える。

断続平衡説の仮説を人間諸社会に移し替えることに根拠があるのなら、社会の生産力と美的表現とが相互に反映し合う人間社会と環境との関係は、つねに同じ類型に属するとはいえないと認めざるをえないだろう。発展の進み具合や遅れ具合に応じて、もろもろの人間社会を何かの単一尺度上に配置し、分類することはあきらめたほうがよさそうである。つまり、各社会はむしろ、それぞれ由来が異なるモデルに属しているのかもしれない。農耕の起源をめぐって進行中の論争が行き着く先も、まさしくこの結論なのである。

＊

一九世紀に始まる産業革命を別にすれば、消費財の生産が農耕の発明と同じくらい急速かつ

¶4　個体群……一定地域に生活する同種個体の集団を指す生態学の概念
¶5　大進化……種や属より上位の科や目などの分類群に生じる大規模な特徴の変化

大量に増えたことは、これまで一度たりともなかったと長く信じられてきた。農耕のおかげで人間集団は定住化を果たし、穀物の保存によって定常的な食糧供給を確保できるようになった。人口も増加した。そして、自由に使える余剰生産物を手にした社会は、首長や貴族、神職、職人など食糧生産には従事せず、専門化された職分を果たす個人なり階級なりを養っていけるほど豊かになることができた。農耕によってもたらされ育まれてきた衝動は人類を、絶えず飢えに苛まれて不安定きわまりなかった生活様式から、まずは村落共同体へ、そして都市国家を経て最後には帝国に至る安定した生活へと、四、五千年の時間を費やして導いてきたのではなかったか。

つい最近まで多くの支持を集めていたのはこのような見方である。こうした単純で壮大な人類史の復元は、いまでは根底的な再検討の対象となっている。非農耕民の作業時間や生産量、食糧の栄養学的価値を対象にした詳細な調査から、こうした人々の大半が快適な生活を送っていることが立証された。自然資源について知らないため自然の恵みに乏しいとわれわれが思い込んでいた地理環境も、そこに住んでいる人々にとっては食糧にうってつけのおびただしい植物種を秘めている。カリフォルニアの砂漠地域のインディアンは、現在ではごくわずかの白人がやっとのことで暮らしを立てているこの地域で、たいへんに栄養価の高い何十種類もの野生植物に精通しており、食糧としていた。南アフリカでは、数年にわたる大旱魃のときでさえ、ブッシュマン[6]の食糧のひとつであるリキノデンドロン属の堅果〔モンゴンゴ〕が何百万個も地面で腐っているのが見られた。ひとたび食糧上の必要が充たされると、もはやそれ以上はあえて採集しないからである。

主に野生の産物の狩猟・採集によって暮らしている人々のもとでは、男一人が四、五人分の食糧をまかなわねばならなかったが、これは第二次世界大戦直前のヨーロッパ農民の多くを上回る生産性に相当すると推測されている。〔子どもや老人を含めた平均でも〕一人当り二千キロカロリーを超える、きわめてバランスのよい栄養が得られる食物を探すのに、一日当り平均二〜三時間も掛からないことを考えれば、生産性の高さはますます真実味を帯びてくる。アマゾンの森林に暮らす狩猟採集民は、国際規格が求める倍以上の量のカロリーやタンパク質を日常的に摂取しており、ビタミンCの摂取量にいたっては何と六倍以上だという。アメリカ、アフリカ、オーストラリアの先住民の多くは、調理や道具の製作に費やす時間を労働時間に算入したとしても、それが四時間を超えることはない。実際、積極的な大人なら六時間は働くが、それ

[6] ブッシュマン……カラハリ砂漠に住む採集狩猟民族サンの俗称

は週に二日半だけで、残りは宗教・社会活動や、休息ないしは娯楽などに充てられる。

　このような生活条件が新石器時代の目前で全人類が獲得していた生活条件のイメージを示すものだと考える必要はまったくない。オーストラリアのアボリジニなどいくつかの例外を除けば、現代の民族学者が観察する狩猟採集民の大半はおそらく退行的変化の所産である。また、これらの人々は困難な時代を経験しなかったわけでもない。それでも、婚姻規則やその他の多種多様な禁忌のおかげで、自分たちの人口を自然環境と均衡状態に保ち、人口密度をおよそ二平方キロメートル当たり一人に留めおくことができた。ただし、すべての個人がそこから同等の恩恵を得ていたわけではない。

　それでもなお、このような生活条件は、これらの人々が農耕の前触れとなる技術に精通していながら、土地を耕し、家畜を育てたいという必要性も欲求もまったく感じることがなかった理由を少なくとも部分的には説明してくれる。

　非農耕民も、次の年にもっと多くの収穫が得られるように季節の終わりになると野生植物の原野を焼き払う方法を身につけている。自分たちの住まいのそばには、気に入った種を採集して移植した菜園を作っていた。これらの植物種のために、生ごみの山、小道、焼畑など特異な生育環境をこしらえることもあった。後に栽培されるようになる多くの植物は、このような激変させられた土壌と親和性を持ち、この環境下で、巨大化、可食部の発達、早熟性といった望ましい形態学上の特徴を獲得していった。これらの人々は収獲物の一部を地面にこぼしたまま放っておいたので、そうとは意図せずに、食糧となる植物を広めることになった。彼らは植物を熟知し、それが生き残るよう助けることも知っていた。

オーストラリアのアボリジニは農耕をせずに生活していたが、それにもかかわらず、あえて言えば、隠喩《いんゆ》的な意味において耕作民だった。なぜなら野生植物を保護し、その成長と増殖を促して、寄生虫や大気の変動からくる災難を遠ざけるための複雑な儀礼を行っていたからである。世界中にその実例が数多く知られている神話にも、これまた隠喩的な意味になるが、おそらくは動物の家畜化をめぐる最初のイメージを見て取らなければならない。超自然の能力を与えられた主人公は、囲い地や洞窟に野生動物を閉じ込め、自分の身内を養うために一匹ずつ外に出したり、飢饉を起こすためにすべてを閉じ込めたりする。一万五千年もしくは二万年ほど前のマドレーヌ期の狩人たちは、洞窟の限定された空間に非常に多種多様な動物の絵を集めることで、もしかすると象徴的な牧畜をしていたのかもしれない。

つまり、農耕と動物の家畜化の前提となるあらゆる心的素地と技術の大部分は、それが実際に出現するよりも前にすでに芽吹いていた。農耕や家畜化を唐突な発見の成果とみなすことはできない。狩猟採集民が完璧にこなせるはずであるにもかかわらず土地を耕さないのは、その当否はともかく、この人々が耕作以外の生き方がよりよいものだと信じてやまないからである。そもそも、たいていの場合、近くの住民が農耕生活をしていることも知っている。それでも、この人々の言うところでは、土地を耕すともっと働かねばならず、余暇があまりにも少なくなってしまうため、それを真似ようとはしないのだという。ごく初歩的な仕方であっても土地の耕作には狩猟や採集に比べて時間が掛かるうえ、骨が折れる仕事の割にそれほどの成果も上がらないということは、フィールド調査があますことなく証明している。

ここから歴史家や民族学者の疑問が提起される。農耕が必要なものでも望ましいものでもないのなら、どうしてそれが出現したのかという疑問である。この三〇年というもの、この疑問が熱心に議論されており、例えば人口圧、定住化、社会構造の多様化といった、少し前までは農耕革命の諸帰結とみなされてきたことが、いまではむしろ農耕革命の原因だと言われ始めている。

農耕を身につけないまま定住した人々もいた。もっとも有名な例は、数千年前の縄文時代の日本東部における漁民たちである。また、一九世紀の初めまでカナダの太平洋岸のインディアンたちは、やはり漁業で生計を立て、大きな村落に居住して、複雑な社会組織を持っていた。

さらに、近東のいくつかの地域でも、村落での定住生活が農業経済に先行していたようである。

農耕の起源を、従来とは違う住環境に移った小規模集団による努力、自らがすでに行っていた前・農耕的技術をあまり好ましくない条件下でも維持するための努力の結果として説明する魅力的な理論がある。先にふれた断続平衡説に依拠する生物学者たちが自然における新種の出現を説明するために仮定した条件が、文化の次元でもこのようにして見出されるということだろうか。しかも、その初期において、そして、その後の長いあいだ、農耕は特定の季節に狩猟や採集ではまかないきれない不足分を埋め合わせる付随的な生産活動にすぎなかったと気づかれ始めている。

ところが、もっと一般的な視角から考察してみると、農耕も動物の家畜化も、純粋に経済的必要の充足が発生原因ではなかったと認める点で見解は一致している。飼い馴らされた動物は、食糧や原材料の供給源とみなされる前から、ある種のぜいたく、豊かさのしるし、威信の象徴であった――これはインドやアフリカで現在も見ることができる。近東での羊の家畜化はおよそ一万一千年前まで遡れるが、羊毛の使用が始まるのはそれから五千年も過ぎてからのことである。アメリカや東南アジアで最初の植物栽培は、栄養的価値というよりはむしろ、ぜいたく品の文脈で行われた。香辛料や手工業用植物といった、保護が必要だとして隔離する標本の目星をつけておいた希少種がそうである。例えば、メキシコでは唐辛子やサイザル麻、南アメリカでは木綿や瓢箪《ひょうたん》、北アメリカ東部では向日葵《ひまわり》、藜《あかざ》[7]、湿地性のニワトコ[8]、タイではキンマ[9]の葉や檳榔《びんろう》[10]の実がそれにあたる。人類がつとめて増やそうとしたのは、自分たちの必要を充たすには野生状態でも十分豊かにある食用植物ではなく多数の希少植物だった。

　カリフォルニアのインディアンは、日頃消費する産品ではなく、鉱物、黒曜石、鳥の羽根、巻貝の〔底を切り取った〕円盤などのぜいたく品を手に入れるために部族間交易を行っていた。しかも、文明の偉大な諸芸術の起源となった製陶や冶金などの技術的発見が、まずは装飾品や装身具を作るためだけに利用されていたことも注目に値する。人類が実現した最古の工業的類型に属する化学結合はおそらく、いくつもの段階を経てつくられたリン酸四カルシウムである。ただし、それは経済的目的で作られたのではなかった。その発見はおよそ一万七千年前のマドレーヌ期に独特の色調の顔料を手に入れようとした絵師たちのものである。美学的関心が絵師を衝き動かしたのである。

　あらゆる種類の社会的発展を単一モデルに収斂《しゅうれん》させてしまうことを慎んで、人間社会がそれぞれの仕方で生産活動を構想してきたと認めよう。野生の産物の採集で暮らしを立てる人々、狩猟採集民、農耕民は、万人に課されるはずの進化の各段階を示しているわけではない。いくつもの観点からして、農耕は進歩であった。農耕は一定の空間と時間でより多くの食糧を産み出し、より急速な人口の成長、より高密度の土地利用、より広範な社会集団の結合を可能にした。ただし、視点を変えると、農耕は退化の表現でもあった。農耕が登場してからというもの、カロリーが豊富でも主要栄養素の含有量は少ない数種類に作物が限られ、栄養摂取状況は悪化した。およそ数千は知られた食用資源となる植物、あるいはかつてそうだった植物のうち、農耕の対象となったのはわずか二〇種ほどにすぎない。それだけではない。農耕が作物の幅を絞り込んだことで、不作がそのまま災厄に転じる危うさもはらむようになった。農耕はより多くの労働も要する。農耕は家畜化と並んで、伝染病蔓延《まんえん》の元凶とさえ言えなくもない。例えば、アフリカにおいて、農耕の伝播と貧血の一形態である鎌状赤血球症[¶11]の伝播とが時期的にも空間的にも符合している事実がそれを示唆する。この貧血病の遺伝子を片方の親からだけ引

¶7 藜……救荒植物にも利用された背の高い一年草
¶8 ニワトコ……スイカズラ科の落葉低木。ヨーロッパでは実を醸造しワインにする
¶9 キンマ……コショウ科の常緑つる性植物
¶10 檳榔……ヤシ科の常緑高木
¶11 鎌状赤血球症……赤血球が鎌型に変形して酸素運搬機能が低下する遺伝性の貧血病

き継いだ者には、開墾と歩調を合わせるように広がったマラリアに対するある種の耐性[12]が生じるのである。

このような現象は何も過去のものではない。第二次世界大戦により、ヨーロッパへ輸出するためのトウモロコシ栽培がアルゼンチンに広まった。その結果、出血性の熱病ウイルス[13]を媒介するノネズミが繁殖し、患者も増加した。これ以外にも、農業活動の恩恵で増殖するさまざまなウイルスは、ボリビアやブラジル、中国、日本で現在も活動している。なぜなら、生ごみの山、開墾地、溜まり水のような人間の手で作り出された生態学的ニッチに、感染症の媒介者が繁殖するからである。

われわれの暮らす現代の大規模社会にとって、農耕なしですませることはもはやかなわないぜいたくかもしれない。この社会は養わなければならない数千万、数億人の人口を抱える。まだそのことが可能であったわれわれの先祖が農耕を始めずにすませてくれていたら、人類の進化は別のものになっていたことだろう。われわれの社会の現在の人口に対して、狩猟採集民の人口は比較するのが馬鹿ばかしいほど僅かであるように見える。しかし、地表すべてを覆い尽くす途方もない人口の増大がはたして進歩を体現していると断言できるだろうか。数千年にわたる生産活動は多様な形態を取ってきたが、同じくらい多くの他にとりえた選択肢もあった。

それぞれの選択肢には利点があるが、そこから生じる害を被ることに同意することにより、その代償も支払わなければならないのである。

¶12 ある種の耐性……遺伝子型がホモ接合なら高い幼少期致死率を示すが、ヘテロ接合は症状が比較的軽く、マラリア蔓延地域では非保育者より自然淘汰で相対的に有利になる

¶13 出血性の熱病ウイルス……フニンウイルスが病原体のアルゼンチン出血熱を指す

74

社会の諸問題——女陰切除と補助生殖

一九八九年一一月一四日

*

Problèmes de société : excision et procréation assistée

Il segreto delle donne

14 / 11 / 1989

この数十年というもの、民族学者とその研究対象の人々との関係は根本から変わった。少し前まで植民地だった国々はいまや独立を果たし、民族学者に対して、古めかしい習わしや時代遅れの信仰を遺すようにそそのかして経済的な発展を妨げると憤懣《ふんまん》を抱くようになった。近代化を渇望する人々にとって、民族学はあたかも植民地主義が姿を変えたなれの果てのように映るのである。こうした人々は民族学に対して、敵意とは言わないまでも、不信の念を持っている。

他方、いくつかの巨大な近代国家——カナダ、アメリカ合衆国、オーストラリア、ブラジル——のただなかを生き延びてきた先住民は、自らの民族的人格、道徳的・法的権利への意識を先鋭化させている。こうした小さなコミュニティはもはや、自分たちにとって知的次元における寄生者か搾取者にしかみえない民族学者たちに研究対象として扱われることをよしとしない。伝統的な生活様式をとどめ、民族学者たちがいまも食い扶持《ぶち》にできる社会は、産業文明の拡大にともなってその数を大幅に減らした。同時に、第二次世界大戦直後からの人文・社会科学の流行で研究者の数は増えている。アメリカ合衆国ではすでに五〇年前から、研究者の仲間内で冗談めかして「インディアンの家族を数えれば少なくとも三人の人物がいる。つまり夫と妻と民族学者だ」と言われさえした。それから状況はますます悪化の一途をたどり、先住民集団は民族学者たちの餌食になるのにうんざりして抵抗するようになった。なかには、保留地《リザーブ》に入り込むことを許可するにあたって、ありとあらゆる申請書に自分たちが納得いくまで記入するよう強く求める集団もある。さらには、まったくシンプルに民族学研究そのものを禁止する集団もある。そういう場合は、社会組織や宗教的信仰には一切の質問をしないと一札を入れるという条件のもと、学校教諭や衛生技師の資格でやっとこうした人々のもとに行くことができる。情報提供者《インフォーマント》のなかには、どうしてもと言うなら、文学作品としての著作権を認める正式契約と引き換えでなければ神話を語ろうとしない人も出てくることになる。

ところが、何とも奇妙なものごとのめぐり合わせによって、民族学者が研究の対象となる人々と結んでいたかつての関係は、断たれてしまうのではなしに、逆転するという事態が生じている。いくつもの部族が法廷で自分たちを補佐し、土地をめぐる先祖伝来の権利の有効性を示す手伝いをしてもらい、かつて押しつけられた条約の取り消しを勝ち取るために民族学者を頼みの綱とするようになり、給料と引き換えに民族学者を雇うことさえある。こうした事態が生じているオーストラリアでは、アボリジニと雇われた民族学者とが政府に対し、ミサイル発射場の建設をやめさせようとしたり、聖地とされる地域内での鉱山開発を承認したりしないように何度も試みている。ときには広大な地域の所有権が関わるこうした訴訟は、カナダやアメリカ合衆国でも同様の条件で提起されており、現在も争われている。ブラジルのインディアンも国家規模での組織化に取り掛かっており、そこでも同種の発議《イニシアティヴ》が提起されるだろうと予測できる。このような場合、民族学者の仕事の性質は完全に変わる。かつては先住民を雇っていた民族学者が、いまや先住民に雇われるのである。詩と抒情性のオーラに包まれていた冒険は、図書館での味気ない調査や、訴訟事由を法的手段で構成して関連文書を整えるために行われる、骨の折れる文書資料《アーカイヴ》の精査に場所を譲ることになる。絵画になりそうな《フィールドワーク》の光景は、お役所仕事や訴訟手続きに取って代わられるか、少なくとも、そうした作業によって、その精神が様変わりしてしまったのである。

*

フランスの民族学者は自身の国でも同種のことを経験をするとは思いもよらなかったに違いない。しかしながら、移民の規模、とりわけブラックアフリカ出身の移民の規模が大きくなったことで、フランスの民族学者もそうした経験に突きあたっている。この一、二年というもの、弁護士たちは自分の娘の女陰を自ら切除したり、専門家の手で切除させたりしたアフリカ系移民の弁護の手助けを民族学者に求めている。検察官による訴追には、フェミニスト団体のほか、児童保護を目的とした団体も損害賠償請求人として名を連ねている。フランス法では、女陰切除はそもそも軽罪裁判所の所管する単純な軽罪とされていたが、一九八八年以降は重罪院の管轄[¶1]する犯罪となり、身体の毀損をひきおこす故意の殴打、傷害と同じものとみなして、

¶1 重罪院の管轄……フランス法では刑事裁判は罪の重さに対応した違警罪、軽罪、重罪が別々の裁判所で審理される

子の人格に対する罪を両親に問うようになった。

この範疇《はんちゅう》に属するある一件が一九八八年に結審したとき、いささかなりと耳目《じもく》を惹《ひ》いた。少女が死亡してしまったからである――ただし、死因は女陰切除そのものではなく、むしろ予後の放置によるものと思われる。そのため、容疑には、殴打、傷害に加え、危険な状態にある人間の放置も加えられた。一九八九年一〇月の初めにパリの重罪院は、結果的に少女がまったく傷を負わずにすんだ別の女陰切除事件にも判決を下した。ところが、このふたつの訴訟に宣告された刑罰は、執行猶予付き懲役三年の刑という同一のものだったのである。法廷の当惑をこれほどはっきりと示すものはない。というのも、手術結果が生命に関わるか無害であるかにかかわらず、どちらの訴訟でも有罪が宣告され、しかも同時に、その罪を免除せざるをえないとも感じているからである。

クリトリスや、時には小陰唇まで切除する女陰切除は、アフリカやインドネシアのいくつもの人々のあいだで広く行われている（そして、古代エジプトにもすでに存在していた）。まだ切除を済ませていない娘は汚れており、危険をもたらすとさえみなされ、結婚相手を見つけることができないともいわれる。しばしばヨーロッパでそう想像されるのとは逆に、その慣習を強いるのは男性ではない。一九八八年の訴訟の被告たちは、通訳の口を借りて、それは《女の秘密》だったと説明した。女性たち自身が、かつて自分がそうされたように、自分の娘も女陰切除を受けることを望んだのである。

訴追が始まると検察側は、フェミニストの連盟やその他の善意の組織が独り占めしようと狙う世論の圧力に流されていった。これらの組織が自分たちの憤りを正当化する仕方はどのようなものだろうか。

その第一の憤懣《ふんまん》は主に、われわれの社会では人権宣言に新たに条項が加えられてもいる女性の快楽を、女陰切除が不可能にしてしまうのではないかという点にある。そして、第二の憤懣は、女陰切除が、十全な状態にある子どもの肉体への侵害ではないかという点にある。

とはいっても、同種の侵襲からなる男子割礼に対しては、この二番目の議論が持ち出されたことがこれまで一度もなく、いまもその気配がまるでないことは意外ではないだろうか。男子割礼は、女陰切除が生じさせるとされる重大な不都合も伴わない、いたって軽微な手術にすぎないと評価しようとする人たちもいる。しかし、その評価は正しいのか、誤りなのか。わたしにはかつて、ブルターニュのカトリックの旧家出身の素晴らしい友人の男がいたが、男子割礼は男性の快楽の質を劣化させると信じて、決してその意見を曲げようとはしなかった。女陰切除に関しては意見が分かれる。性感帯の代償作用についてわれわれの理解は判然としておらず、この点についてはまったく確証がないと認めておくのがよさそうである。一九八九年の訴訟では、自身もクリトリスを切除されたアフリカ出身で医学博士号も持つ既婚女性がこの点について意見陳述し、快感が減少するとはまったく思えない旨を言明した。しかも彼女は、クリトリスを切除された女性が不感症になるということを教えてもらうためにはパリに来なければならないと補足したのだった……。

いずれにせよ、たとえ男子割礼が男性の快感にとっては取るに足りないことだとしても、子どもの肉体の身体的完全性への侵害であって、他の子たちとは違うことを思い知らせる暴力の痕跡を残すという点では女陰切除と同じである。したがって、女陰切除の場合に援用されるこの議論が、男子割礼の場合には引き合いに出されないのは釈然としない。もしかすると、われわれのユダヤ＝キリスト教文化が旧約聖書に親しみを持ち続けているために、男子割礼が衝撃的なものでありうるという色彩を取り去ってしまったからではないだろうか。ユダヤ教徒にとっては直接的、キリスト教徒にとっては間接的に、男子割礼は共通の文化遺産になっている。男子割礼がわれわれを困惑させないのはそのためであり、それだけが理由なのである。

女陰切除をめぐる訴訟で弁護を要請された弁護士たちが民族学者に意見を求めるのは、弁護士が二つの弁護方式のあいだで選択を迫られるからである。弁護士たちは、後進的と形容されている社会では個人に自由意志がなく、集団が行使する拘束に従属させられているために、個人には自らの行為に対する責任がないと確信し、裁判官もそのようにして説得できるだろうと考えて、被告の免責を主張したい思いに駆られる。民族学者はそこまで法律家についていくことはない。誤って未開や古代的と呼び習わされた社会の生活をこのように思い描くことは、一九世紀の古色蒼然《そうぜん》とした思想の範疇に属することだと民族学者はわきまえているからである。いわゆる未開・古代的社会も含めたすべての社会で、個々人の行動にはかなりの多様性がある。社会のメンバーは集団の規範に多かれ少なかれ忠実に従うけれども、誰ひとりそれを逃れられないというわけではない。このような弁護手段があるおかげで、弁護士は依頼人たちへの寛大な判決を勝ち得ることができるかもしれないが、同時に、依頼人たち自身やその文化への信用を失わせることにもなる。その告発にやましさがないことを、逆説的にも、弁護側こそが確信させてしまうのである。なぜなら、訴追も判決も文明の名のもとで行われるのだとすると、その文明の絶対的優位を認めている点で、弁護側は告発する側と同意見ということになるからである。

民族学者はむしろ、野蛮であるか馬鹿げているとわれわれ自身が判断している当の信仰が、それに従う人々にとってどのようにして正当なものと認められているかを裁判官に理解させせようとするだろう。世界各地で女陰切除や男子割礼が行われている（そして、多くの場合これら二つの慣習は対となっている）が、根底に横たわる理屈はまったく同一だと思われる。すなわち、創造主が性の区別を作り出そうとしたとき、その仕事をうまくやりとげることができなかった。仕事の最中に急ぎすぎたり、疎かにしたり、邪魔が入ったりして、女性に男らしさの、男性に女らしさの痕跡が残ることになってしまった。クリトリスや陰茎包皮の切除は結果的に、各性別に残存する不純な部分を取り除き、二つの性別をそれぞれの本性にふさわしいものにすることで、創造の仕事を仕上げる効果を持っている。この形而上学や考え方はわれわれの世界には無縁のものである。それでも、その論理一貫性を認めることはできるし、その偉大さや美しさに無感覚でいられるわけでもない。

そういう意図があろうとなかろうと、被告人を何か人間以下のものへと貶め、人種差別的偏見を法的に有効なものとしてしまうよりはむしろ、ある何らかの文化複合で意味をなさない慣習が別の文化複合では意味を持つこともありえると示すことに、民族学者なら力を尽くすだろう。なぜなら、複数の信仰体系のうちのたったひとつ（もちろん、われわれの体系のことだが）だけが普遍的価値を持ち、誰にもそれをあてはめてしかるべきだと――しかし、何を基盤にするというのだろう――言い張るのでもない限り、数々の信仰体系に裁きを下したり、ましてや有罪を宣告したりできる共通の尺度は存在しないからである。

異なる道徳から課された慣習に単に従っているだけの人々を、ある個別の道徳の名において処罰することは誰にもできない。ということは、われわれは別の道徳に順応しなければならないということだろうか。結論は自明ではない。民族学者やモラリストがするのは、ある客観的認定である。われわれの国では女陰切除は公序良俗を逆なでする。相容れないと感じられた慣習が同じ一つの国で制約なく実行されることになれば、他の価値体系も同様に尊重される権利を持つとするわれわれの価値体系は、根底から揺さぶられかねない。したがって、女陰切除の訴訟は一つの範例としての価値を持つ。有罪を宣告しうるという発想は馬鹿げている。しかし、受け入れ国の文化の未来を縛ることになる何らかの倫理的選択は、以下二つの立場のあいだでしかなしえない。ひとつは、しきたりを後ろ盾にするものは何であれ、いかなる場所であっても許されると宣言すること。もうひとつは、自分たちの慣習そのものに忠実でいたい——それは彼らの権利なのだから——と願う人々が、いかなる動機であれホストを務める人々の過敏な自尊心を傷つけてしまったとき、こうした人々を生まれ故郷に送還してしまうことである。おそらく、執行猶予付き有罪判決のほうが国外追放よりはるかに温情的であると被告人たちの目には映るということ、一九八八年と一九八九年の判決に見いだせる事由はそれしかない。

＊

ある別の領域でも民族学者が公的な舞台に引っ張り出されている。民族学者のうちの数人には、いくつもの国の政府から新しい補助生殖の方法をめぐって意見答申するために設置された委員会のメンバーに加わるように声が掛かっている。なぜなら、生命科学の進歩を前にして意見が揺れているからである。現在では、片方もしくは双方が不妊に悩まされている夫婦に対して、子をもうける方法がいくつも提案されている。人工授精、卵子提供、代理母出産、夫もしくは別の男性の精子や、妻もしくは別の女性の卵子の試験管での受精などがそれにあたる。これらすべてを是認すべきだろうか。いくつかの方法は許可し、それ以外の方法は拒否すべきだろうか。そうはいっても、判断基準はどうするのだろうか。

前代未聞の法的状況が生じていながら、ヨーロッパ諸国の法律はそれに応える準備ができていない。現代社会では、親子関係が生物学的関係に由来するという理念が、それを社会的関係とみなすとする理念よりも優位にある。英米法では、社会的父子関係の概念が登場することとすらない。つまり、法的に親権を引き受けたり、その養育費を負担する義務を負ったりできるのは、精子の提供者なのである。フランスではナポレオン法典が、母の夫が子の法的な父だと規定している。そのため、「父とは婚姻が証明するものなり *Pater id est quem nuptiae demonstrant*」という古い法格言の通り、法典は社会的父子関係だけを認め、生物学的親子関係を否認する。しかしながら、フランスでも一九七二年のある法律[¶2]が父権追求の訴訟を承認したことで、この法格言は否定された。社会的関係と生物学的関係のどちらが優位かは、もはや分からない。それでは、法律上の父がもはや子の生みの親とはならなかったり、母でさえ妊娠中に卵子どころかことによると子宮すら提供しなかったりする補助生殖が提起する諸問題にどう対応すればよいのだろうか。

こうした操作で生まれてきた子たちは、場合に応じて、普通どおり一人ずつの父と母を持つこともできるが、一人の母と二人の父、二人の母と一人の父、二人の母と二人の父、三人の母と一人の父、さらには、三人の母と二人の父がいることさえありえなくはない。生みの親と夫とが同一男性ではない場合がそうであり、卵子の提供者と別に子宮の貸し手がいる場合に、三人目として子の法律上の母となる女性もいる。

¶2　ある法律……「一九七二年一月三日の法律」で親子関係の規定が変更された

社会的な親と生物学上の親が切り離されることになると、それ以後のおのおのの権利や義務はどんなものになるのだろうか。もし子宮を貸した女が畸形児を生み、彼女に依頼したカップルがその子を拒んだ場合に、法廷はどのように判断を下すべきなのだろうか。あるいは逆に、不妊の女に代わって彼女の夫の精子で妊娠した女が思い直して、生まれる子を自分の子として養育すると言い張ったらどうだろう。ありとあらゆる願望が合法とみなされるべきだろうか。例えば、死亡した夫の冷凍保存精子による受精を望む妻、あるいは女性同性愛者のカップルの一人が提供する卵子を匿名の男の精子で受精させ、カップルのもう一方の子宮に移植して子を持ちたいという希望などはどうなるだろう。

精子や卵子の贈与、あるいは子宮の貸与は、高額な契約の対象になりうるのだろうか。こうしたことは匿名でなければならないのだろうか。あるいは、社会的な親や、場合によっては子本人も、生物学上の親の身元を知ることができるのだろうか。以上の疑問はいずれも根拠のないものではない。これらの問題も、さらに法外な別の問題についても、すでに法廷に提訴されており、提訴され続けている。比較しうる状況を経験したことがない司法にとっても立法にとっても、さらにはモラリストにとっても、これらのすべては、完全にお手上げに思えるほどのまったく新しい事態なのである。

ところが、民族学者だけはこうした類の問題に面食らわずにいられる。民族学者の研究する諸社会は、試験管受精や、卵子や胚の採取や譲渡、移植、冷凍などの近代的技術をもちろん知らない。だが、こうした社会では、そうした技術の比喩的な等価物が考案されてきた。そして、これらの社会がその現実性を信じている限りで、その心理的・法的な含意も現実のものなのである。

わたしの同僚、エリティエ＝オジェ女史はかつて、アフリカのブルキナファソに暮らすサモの人々のもとに、精子のドナーを伴う受精との等価物があることを示した。たいへん若いうちに結婚させられる少女は自分の夫のところに輿入《こし》れするのに先立って、一定期間、それぞれが公的な愛人を持たなければならない。しかるべき時期が来ると少女は自分の愛人とのあいだに授かった子を連れて夫のもとに行くのだが、その子は正式な婚姻関係による第一子だとみなされる。夫の側から見ると、男は複数の配偶者を持つことができるが、妻たちが自分のもとから離れても、その後に彼女らがもうけるすべての子の法律上の父親であり続ける。

これ以外のアフリカの人々のもとでもやはり、妻もしくは妻たちに去られた夫は、こうした女たちが将来もうける子に対して父親の権利を持っている。女が母になるとき、その彼女との〈出産後 *post partum*〉最初の性的関係がありさえすれば父たるのに十分であり、次に生まれてくる子の法律上の父が誰なのかもこの関係によって決定される。不妊の女と結婚した男はこうして、無償もしくは支払いと引き換えに、子を産める女からの指名を獲得することができる。この場合、その女の夫は人工授精をするドナーとなり、その女は自分の腹を子のいない男や夫婦に貸し与える。子宮のレンタルがはたして無償でなされるべきか、報酬を伴いうるものかというフランスでの焦眉の問題は、アフリカでは提起されることとさえない。

スーダンに暮らすヌエルの人々は不妊女性を男性と同一視する。したがって、不妊女性は女性と結婚できるのである。ナイジェリアに暮らすヨルバの人々のもとでは、富裕層の女が、自分のために妻を買い、男を一人つけて養ってやる。子が生まれると、法律上の「夫」であるその富裕層の女は、子を引き取るか、さもなければ対価と引き換えで生みの親に子を譲り渡すのである。ヌエルの場合は、文字通りの意味でホモセクシャルと呼ぶことができそうな二人の女性からなる夫婦が、子を得るために補助生殖の手段に頼り、一人が法律上の父、もう一人が生物学上の母となる。

古代ユダヤ社会で行われていたレビレート婚〔寡婦が亡夫の兄弟と結婚する〕の制度は、現在もなお世界各地に見られ、若い弟が死んだ兄に成り代わって子をつくることを認めたり、時にはそれを強いたりする。そこで行われているのは、〈死後 *post mortem*〉の人工授精の等価物である。スーダンのヌエルのいわゆる《亡霊》婚では、このことがより明確である。男が独身のまま、あるいは子孫のないまま死んでしまうと、近親者の男の誰かが故人の家畜を徴収してそれを元手に妻を買うことができた。彼はこのようにして故人に成り代わって息子をつくる（その子は彼の甥とみなされた）。時として、この息子がまわりめぐって自分の生物学的な——彼にとって法律上はオジにあたる——父に対して同じ役回りを演じることもあった。そうなると彼がもうけた子たちは、法律上は彼のいとこになった。

こうした事例のいずれにおいても子の社会的地位は法的な父に対応して決定されていて、それはたとえ女であっても同じである。子は自分の生物学上の親の身元について、それなりのことを知っているが、互いに情愛の絆で結ばれている。われわれが恐れているのとは逆に、こうした透明性があるからといって、自分の生物学上の父と社会的な父が別々の個人であるという事実から生じる葛藤が子のもとに生じることはない。

チベットには、複数の兄弟が一人の妻を共有する社会がいくつかある。すべての子は、彼らが父と呼ぶ最年長の兄のものとされる。子らはオジたちのことを他の夫と呼ぶ。真の生物学的関係は知られていなくはないが、それほど重要だとは思われていない。わたしが五〇年前に見聞したアマゾンのトゥピ＝カワヒブの人々のもとでは、これと対照的な状況が目を引いた。男が一人で複数の姉妹を妻にすることや、以前の結婚から生まれた娘を持つ母とその娘の両方を妻にすることができた。世話をしている子どもが、自分の子であれ夫の他の妻の子であれ、女たちは何ひとつ気にすることなく、子どもたちをひとまとめに養育しているようにわたしには思われた。

われわれの社会では、生物学的な親と社会的な親のあいだにある葛藤が法律家やモラリストを当惑させるが、民族学者の知っている社会にはこのように、そうした葛藤が存在しない。これらの社会ではその二つの側面が集団のイデオロギーあるいは成員の意識のなかで衝突せずに、社会に優先性が与えられる。だからといって、異国の事例に範を取ってわれわれの社会でも同様にふるまうべきだと結論されはしないだろう。それでも、われわれはこうした事例を通じて、補助生殖が提起した問題には少なくともそれぞれ別々の相当な数の解決策があって、そのどれかが自然で自明だとみなされるべきではないという考え方に親しむことができる。

もっとも、そう納得するのにそこまで遠くに眼を向ける必要はない。補助生殖の問題におけるわれわれの最大の気がかりのひとつに、妊娠を性行動《セクシュアリテ》から、さらに言えば官能性から切り離すということがあるようだ。補助生殖を許容されうるものにするには、あらゆる個人的接触からも官能性や感情のいかなる共有からも参加者を締め出すように、実験室の冷え切った環境のなかで、匿名で医師の手を介してことが進められなければならない。ところで、近代的技術が介入する以前から、われわれの社会でも精子の贈与が知られていないわけではなかった。ただし、そう格式ばらず、言うなれば《家族内で》この種のサービスが行われていたのである。バルザックが一八四三年に書き始め——社会的ないしは道徳的偏見が、現在よりもはるかに強い時代である——結局のところ完成させられなかった一篇の小説には『小市民《プチ・ブルジョワ》』という意味深長な題がつけられていた。まず間違いなく現実の出来事に着想を得たであろうこの小説では、一組には子ができ、もう一組には子ができない二組の夫婦が、どのようにしてお互いの利害を一致させたかが語られる。子のできた夫婦の女が、不妊の夫婦の女の夫と子をつくることを引き受けた。この男女関係から生まれた娘は、同じ建物にすむ二組の夫婦どちらからも同じように可愛がられた。周囲の誰もがその事情を知っていた。

そういうわけで、法制化したくてじっとしていられない法律家やモラリストに対して、民族学者は慎重を期すように助言することを惜しまない。民族学者がとりわけ前面に押し出すのは、世論をいちばん逆なでする実践や要求——性交未経験の女性、独身の女性、寡婦、あるいはホモセクシュアルのカップルにも許される補助生殖——でさえ、その等価物が他の社会にはあり、かといって、それがあるためにそうした社会が取り立てて具合の悪い思いをしているわけではないということである。

将来性のある家族構造を作り上げ、矛盾を生み出す構造をふるい落とすために、それぞれの社会の制度や価値体系がそなえる内的論理に信頼を寄せることこそ叡智である。ただ習慣だけが、長い時間を掛けたのちに、集合意識が受容したり拒絶したりするであろうものを示すことができる。

*

民族学者たちはしばしば、研究分野となってきた伝統文化の急速な消滅のために自らの学問領域の命脈が尽きたと語られるのを聞かされている。あらゆる人々が同一の文化モデルに憧れる画一化された世界では、差異というものにどのような地位が残されるだろうか。女陰切除と補助生殖ということでふれた二つの実例はどちらも、現代世界が民族学者に投げかける問題が消滅したのではなく、その位置が変わっただけだということを示している。自分とまったく関わりを持ちようのない遠い異国で女陰切除が行われていた時代には、西洋の良識が揺さぶられることはなかった。一八世紀になってもなお、ビュフォン[13]のような著述家が他人事のように女陰切除を話題にしている。われわれがいま自分たちに関わりのあることのように感じるのは、人口の流動性、なかでもアフリカ系移民が占める大きさのために、女陰切除が、あえて言うならわれわれの庭にまで届くようになったからである。とうてい受け入れることのできないしきたりは、距離を隔てていれば穏やかに共存しえたが、ふいに距離が縮まると衝突してしまう。補助生殖も同じようにわれわれに良識の問題を引き起こすが、それは女陰切除の問題と対称的ではあるが逆転した理由による。それは、われわれ自身の社会のさなかで、自分たちの伝統的道徳と科学的進歩とのあいだに亀裂を走らせるからである。この問題では、われわれの目には矛盾すると思われる状況を妥協させることが可能なのか、どう妥協させられるのか、もはや分からない。どちらの場合も、人々の目が民族学者の方に向けられ、諮問会議に呼び出して見解を示すようにせき立てている（もっとも、聞いておいて従わないこともある）。このことは、民族学者には果たすべき機能があるということを示している。ひとつの世界文明の誕生は、外的差異のあいだの衝突をさらに激しいものにする一方で、各社会に内的差異が噴出するのを押しとどめることもない。フランス語の言いまわしでは「民族学者たちの俎上にはパンがある」、つまり、民族学者の抱えている仕事はまだまだなくなることはない。

¶3　ビュフォン……一七〇七〜一七八八。フランスの博物学者、思想家。全三六巻の大著『博物誌』を遺した

94

自著紹介

一九九一年九月一〇日

*

Présentation d'un livre par son auteur

Gli uomini della nebbia e del vento

10 / 9 / 1991

かなりの高齢で執筆して世に問うため、わたしの最後の著作となることがほぼ確かな（いずれにせよ、アメリカ・インディアンの神話に捧げるつもりで書くのはこれが最後になる）『大山猫の物語』〔原註1〕が、新世界発見五百周年の前年にあたる今年、一九九一年の末に出版される。そのため、この書物がアメリカ・インディアンへの讃辞《オマージュ》という体裁を取るのはごく自然なことである。一九三五年に初めて出会って以来、その習俗、社会制度、宗教的信仰、哲学的思考、芸術は、わたしの省察の糧となってきた。

しかし、刊行までのことの運びには計画的なところはまったくなかった。著述を進めるうちにこうした展開が避けられなくなってしまったが、当初はある特殊な問題を解決するつもりしかなかった。かつて何度か突き当たったその問題があまりに特殊だったことから、神がまだ生き長らえさせてくれるならいつの日か戻ることにしようと決めて、これまでの著作ではそれを脇に置いてきたのである。

北アメリカ北西部の神話は、霧の起源と風の起源を比較対照すると同時に両者を対立させる。神話が両者を対照させるのは、これらの神話が同一の集合に属しているからである。その一方で、霧の物語ではまさに起源が問われるのに対し、風は物語の始まりにはすでに存在しているという意味で、神話は両者を対立させもする。風は、地面に触れずに左右にはためく薄くて軽い身体の上にとても大きな頭をのせた男の姿をしていた。あるいは、その身体は丸くて空っぽで骨がなく、まるでボールのように弾んだ。この害をなす存在は人間を苦しめていた。インディアンのある少年が風を捕らえることに成功し、これからは節度をもって吹くという約束と引き換えに自由にしてやった。さて、周期的になって季節のリズムに従うことを約束させられる風が時間的媒介者であるのに対し、天と地のあいだに介在する霧は空間的媒介者と呼ぶことができそうである。

この二つの気象学的現象と関係する神話はどれも、同一の事件や登場人物が繰り返し現れる一つの巨大な体系に属している。いわばロシアのマトリョーシカ人形のように、これらの諸神話は互いが入れ子状に嵌め込まれている。風の捕獲の神話は筋立てとしてはもっとも豊かだが、体系の周縁に位置づけられる。他方、霧の起源の神話はたいてい輪郭が示される程度だが、体系の中心部を占めている。そのため、まずは、この霧の起源の神話から手をつけるのがよさそうである。

霧の神話は一見したところ、コスモロジーとしての含意がまるでなさそうな小話めいた様相を帯びている。まだ人間と動物とが別々の範疇をなしていなかった時代に、オオヤマネコという名の病気持ちでおぞましい老いぼれが、一筋の唾液もしくは尿を——故意のときも、うっかりのときもあるが——上から垂らしてしまうか、あるいは何か別の手段によって、首長の娘を身ごもらせる。そして、子が生まれた。村の男たちのうちで誰がこの子の父親なのかを突き止める試験が行われた。子が選んだのはオオヤマネコだった。怒り狂った村人たちはオオヤマネコを死にそうになるまで打ちすえて、妻子ともども置き去りにした。オオヤマネコは美しく力強い青年に姿を変え、しかも腕利きの狩人となって、自分のささやかな家族を養って豊かに暮らした。オオヤマネコは逆に、自分をいじめた者たちが身を落ち着けた新しい村に濃霧をたちこめさせたので、狩りができなくなったその村は飢餓に襲われた。村人は許しを請い、受け入れられた。オオヤマネコは村の長となった。

道徳的な戒め以外にはさして重要性のないこの物語は、同一か、酷似した形式で南北両アメリカのあらゆるところで耳にすることができる。新大陸の発見直後の時期には、旅行者や宣教師たちがメキシコやブラジル、ペルーなどでこの物語を聞いている。一見して大した意味がなさそうに思われるにもかかわらず、空間的——カナダから南大西洋沿岸、アンデス山脈にかけて——にだけでなく、四世紀以上も前に採集されたものと現在も耳にしうるものとに何の違いもないというように、この物語は時間的にも驚くべき安定性を示している。

ところで、この神話——霧の起源神話の糸口となり、主人公が脱ぎ捨てる老いて病んだ皮膚から霧が生じる——のカナダのヴァージョンでは、オオヤマネコの主要な敵役をコヨーテが演じる。そして、対をなすもう一方の神話の系《セリー》、すなわち風の捕獲をめぐる系では、このコヨーテがある重要な役割を果たしてゆくことが後ほど確認される。オオヤマネコはネコ科で、コヨーテはイヌ科である。その二つの科のあいだにある、これだけあからさまな対立に意外なところは何ひとつない。実際われわれも、相容れない気質を持った二人の人物を、犬と猫のようだ、と言わないだろうか。マルク＝アントワーヌ・デゾージエ[¶1]は詩人としては二流だが、一九世紀の初めに作曲したあるシャンソネット〔軽妙で風刺的な小曲〕の各節で、ヴォルテールとルソー、グレトリ[¶2]とロッシーニ、古典派とロマン派、さらには義務と快楽、道徳と欲望、正義と衡平までも、《犬と猫のように》対立させている。この対に与えられた哲学的射程は、われわれにとってそうであるように彼にとっても、おそらく単なるおふざけ以上のものではない。この対立にアメリカ・インディアンは神話のなかであふれんばかりの意味を与え、ありとあらゆる結論を引き出すのである。

　ただし、アメリカ・インディアンによると、その対立はもとから存在していたわけではなかった。かつてオオヤマネコとコヨーテは親友で、同じ体つきをしていた。ところが、ふたりは諍《いさか》いを起こし、互いに仕返しをした。オオヤマネコはコヨーテの鼻面、脚、尾を長く伸ばし、コヨーテはオオヤマネコの鼻面を押し込み、尾を短くした。オオヤマネコが外向的でコヨーテが内向的というようにそれぞれの体つきが正反対なのは、それ以来のことだという。

　要するに、オオヤマネコとコヨーテ、ネコ科とイヌ科は心性と同じく体においても、おそらくは双子のようなものだったのであり、いまなおそうあり続けていたかもしれない。ただ、そうなると、当初は瓜ふたつだった存在が別々のものになるよう望む世界の秩序に真っ向から反することになると神話は暗示する。ここから、神話がこれらの小話に与えた重要性が理解される。この小話によってある形象化された形で導入されるのは、アメリカ・インディアンの哲学的考察で中心的位置を占める、双子であることの不可能性という概念である。

　アメリカ・インディアンは確かに、存在や物事の発生を一連の二分化というモデルで捉える。初めに造物主が自らの創造した被造物と分かれる。その被造物はインディアンと非インディアンにさらに分かれ、続いて、インディアンそのものも同胞と敵とに分かれる。同胞にも、善人と悪人という新たな区分が生じる。そして、今度は善人が弱者と強者に改めて分かれる。この二分法の階梯のいくつもの段階で、双子かあるいはそれに近い（つまり、父親の異なる）、天分を異にする兄弟が介入して、あれこれの分割の作用因となる。一方が平和を好むともう一方は好戦的、一方に思慮分別があればもう一方は間抜け、一方が器用ならもう一方は不器用といった具合である。そうなるのは、各段階に生じる部分同士に真の平等が決して出現し

¶1　マルク＝アントワーヌ・デゾージエ……一七七二〜一八二七。フランスのシャンソン作家、ボードビル作曲家

¶2　グレトリ……一七四一〜一八一三。ベルギー出身、フランスで活躍した作曲家

ないからである。つまり、双子の一方はもう一方の片割れに、必ず何らかの形でまさっているのである。

神話がそれとなく主張しているのは、天と地、高所と低所、火と水、霧と風、近さと遠さ、インディアンと非インディアン、同胞と異人など、それに関連づけて自然現象や社会生活が秩序立てられる各極、対をなしている双方の項は、互いを前提にし合っていながらも双子にはなりえないということである。精神は、その両極にたとえ等価性を確立することができなくても、両者をつとめて対として扱おうとする。同一なるものはつねに他なるものを生みだす。宇宙の正常な運行は、この動的不均衡にこそ依拠しているのであり、それがなければ宇宙が無気力状態に落ち込む危険がいつもつきまとう。

双子であること《ジェメリテ》がアメリカ・インディアンの神話のなかでこれだけ大きな地位を占めながら、決して純粋状態で現れることがない事情はこのようにして説明される。もしこれが逆であったなら驚くべきことだっただろう。なぜなら、少なくとも熱帯アメリカではそうであり、他の場所でもしばしばそれが見られるように、インディアンは双子が誕生するのを恐れ、そのうちの一人あるいは二人ともを死なせてしまうからである。神聖で英雄的な双子が神話で積極的な役割を果たすことができるのは、その受胎や出生の特殊事情に由来して、双子であることに不完全さが残るためである。〔ギリシャ神話の双子神〕カストルとポルックスの場合もそうである。ただし、このディオスクロイ〔双子神のこと〕が努力の果てに同じになるのに対し、アメリカの双子は両者のあいだに存在した最初の隔たりを決して乗り越えることができない。二人はその隔たりをひたすら掘り下げようとさえするので、まるで何らかの形而上学的必然性に強いられて、もともと対だった項が別々の方向へと歩むかのようにもみえる。一連の結論がここから導かれる。すなわち、コスモロジー面では、ノスタルジックな夢にもかかわらず決して双子になりえない両極を調停できないという不可能性が生じる一方、社会・経済面では、外では戦争と交易との、内では互酬制《レシプロシテ》と位階秩序《イエラルシー》との永遠のシーソーゲームが生じるということである。

　このような連続した二分化のなかでも、白人とインディアンとの二分化がとりわけ注目に値する。ヨーロッパで最初に知られるようになったブラジルの神話――一五五〇年から五五年にかけてフランシスコ会修道士のフランス人、アンドレ・テヴェが採集し、一五七五年に『世界地誌 *cosmographie universelle*』で公にした――を参照すると、世界の始まりのとき、造物主は自ら創り出した被造物のあいだで暮らしており、惜しみなく善意を振りまいていたことが読み取れる。ところが、被造物が恩知らずな態度をとったために、造物主はそれらを破壊する。もっとも、造物主は一人の男の命を救い、番《つがい》になって子が生まれるように女も一人創ってやった。こうして新しい人種、とりわけ、あらゆる技芸の主となる二人目の造物主が生まれるが、白人の文化がインディアンの文化よりすぐれていることをもって、白人はその造物主の実子とされる。

したがって、白人とインディアンとの区分は創造の初期に現れていた。すでにアルフレッド・メトロー[13]が指摘しているように、借用による類似で説明するにはさすがに早すぎる征服直後に、同一の範疇に属する神話が多くのインディアン部族に突如として出現した。まさにわたしが引き出そうと試みた構造がアメリカ・インディアン神話の深層構造だとしたら、この難題は解消されることになる。

すでに述べたように、これらの神話の筋立ては、もろもろの存在や事物のあいだに次々に距《へだ》たりを出現させながら進行する。理念的には双子である各部分だが、各段階でつねに不平等がはらまれている。ところで、インディアンにとって、白人と自らとのあいだの不均衡ほど際立ったものはありえなかった。ところがインディアンは、プレハブ方式とでも言えそうな二分法モデルを駆使して、白人のために予約済みの指定席を用意しておいたかのようにもみえる一体系のなかに、この対立とその結果をまるごと移し替えられるようにしたのである。その結果、ひとたび対立が導入されると、たちまちそれが作動を始める。インディアンは自らの体系のなかで、形而上学的な前提事項という資格で、他者の存在を考慮していたのである。

　歴史的証言がこのことを裏づけている。新世界のいたるところでインディアンは白人を迎え入れ、地位を用意し、要望されたらされただけ、あるいはそれ以上のものを何でも差し出す桁外れに好意的な態度を示した。まずコロンブスがバハマ諸島やアンティル諸島で、その後は、コルテスがメキシコで、ピサロがペルーで、カブラル[¶4]やヴィルゲニョン[¶5]がブラジルで、ジャック・カルティエ[¶6]がカナダで、満足に返礼をすることもなくこのような体験を味わった。ただし、アメリカ・インディアンの思考には白人到来のずっと以前から自らの存在そのものの前提として非インディアンの存在があったのである。征服直後に採集された伝承は、メキシコ

¶3　アルフレッド・メトロー……一九〇二～一九六三。南米先住民文化の研究に寄与したスイス生まれの民族学者
¶4　カブラル……一四六八～一五二〇。ブラジルを発見したとされたポルトガルの航海者
¶5　ヴィルゲニョン……一五一〇～一五七一。フランスの海軍提督。ユグノーの植民者を率いて、グアナバラ湾に南極フランスを建設した
¶6　ジャック・カルティエ……一四九一～一五五七。ヨーロッパ人で初めてセントローレンス湾に到達したフランス人探検家

だけでなくアンデス世界でも同様に、インディアンが白人の到来を待ち望んでいたと証言する。あの謎めいた予見はこのように解決される。

アメリカ合衆国とカナダの北西部の太平洋岸では、白人との遭遇はもっと遅れてやってきた。一八世紀にインディアンはようやく、スペイン、イギリス、フランス、そしてロシアの航海者たちと関わりをもった。一九世紀に毛皮交易が始まると、とくにフランス系カナダ人――当時は「旅人《ヴォワヤジュール》」と呼ばれた――との接触が増えていく。わたしが解明してきたアメリカ・インディアンに固有の精神の構えは、梃子の作用点に当たるものを、限定的ではあるが神話研究にとっては大きな関心事である一領域で見つけ出した。インディアンの伝承が新参者たちの伝承に大いに門戸を開いて、この地域の神話にフランス民話が奥深くまで染み込んだことによって、土着の要素と借用した要素とがはっきりと切り分けられないほどになったのである。

哲学的考察や物語創作の面で顕在化するインディアン精神のこのような態度は、新世界の人々に向き合ったヨーロッパ人の態度と驚くほど対照をなしている。新世界発見後の最初の一〇〇年間のヨーロッパ人の態度を特徴づけるのは、人間や物事への無関心や過度の新しさを前にした自発的盲目、つまり、新しさを新しさとして認めることの拒否だった。アメリカ大陸の発見は一六世紀の人間に習俗の多様性を見せつけたというより、それを確認させただけだった。

この発見は、古代の偉大な著作によって周知のことになっていたエジプト、ギリシャ、ローマなどの習俗のなかにまぎれてしまったのである。発見されたばかりの人々の光景も、これらの証拠資料があったために、単に追認をもたらしたにすぎなかった。これらすべては、既視《デジャ・ヴュ》ではないにしても、少なくとも既知《デジャ・シュ》の事実だった。自らが十全だと信じ込んだ人間たちにもたらされた、自らが人類の半分にすぎないという突然の啓示に対して示された反応は、こうした自己への退却、引っ込み思案、自発的盲目だったのである。

少し後に登場するモンテーニュになると、なるほど、旅行記から引き出されたアメリカ・インディアンの慣習についての知見が自らの制度や習俗に対する批判の基礎の一部になっている。ただし、モンテーニュの徹底した懐疑主義といえども、そこからたどり着く結論は、いかなる制度にも価値があり等しく批判と尊重に価するなら、自らの生きる社会の制度に満足するよう勧めることこそ思慮分別だろうというものだった。したがって、モンテーニュによるこの行動指針と、自らの慣習や信仰とは折り合う余地のない習慣や信仰に直面して戸惑った同時代や後の世紀の宣教師たちが、カトリックの信仰をそれに対する唯一の砦に見立てたこととのあいだに、理論的にはともかく、実践上では対立はないのである。

『大山猫の物語』は、わたしがアメリカ神話に捧げた七番目の著作となる（加えて多数の論文もある)。『神話論理』四部作に続いて、この著作は『仮面の道』『やきもち焼きの土器つくり』と三部作を構成する。わたしはこれらの全著作で、学問的集成のなかに埋もれたままその多数になかなか近づくこともかなわず、これまで日の目を見ることがなさすぎた莫大な口承文芸のために、ふさわしい席を用意することを試みてきた。それは規模と関心、そして美しさからして、古典古代やケルト世界、東洋や極東の諸文明に伝わる伝承に少しも引けをとらず、人類の文化遺産にも数えられる。そして、わたしが神話的思考の作用をいつの日か解明するための特権的領野を（一連の聖杯伝説を《ブリテンの話材《マチエール・ド・ブルターニュ》》と呼ぶひそみに倣って）《アメリカの話材》のなかに発見しえたとしても、それはアメリカ・インディアンの天賦の才に遅まきながらの讃辞を贈ったということにすぎない。

『大山猫の物語』を締めくくる新旧両世界の遭遇をめぐる考察から、歩みをもっと先に進めて、おそらく、アメリカ・インディアンの二元論の持つ哲学的で美的な源泉へと遡ることができる。ジョルジュ・デュメジル[17]は、インド・ヨーロッパ系の宗教的実践や神話のなかに、三区分イデオロギーが作動していたことを示した。アメリカ・インディアンの信仰や制度のなかでは、三ならぬ二分性イデオロギーが作動しているようにわたしには思える。ただし、この二元論に静態的なところはまったくない。どのように現れるにせよ、その各項はつねに不安定な均衡状態にある。その二元論はこのように、〈他者へ開かれた心〉から自らの原動力を引き出す。インディアンが白人に向けたもてなしにそれが体現された一方で、白人はそれとは正反対の態度に駆り立てられていた。
新世界の発見というより侵略であり、そこに住む人々やその価値観の乱暴な破壊だとわたしなら呼ぶであろうものの五百周年をまさに祝おうとしているいま、それを認めることは、敬虔さと心からの後悔の現れとなるに違いない。

原註

〔1〕 *Histoire de Lynx*, Paris, Plon, 1991.〔『大山猫の物語』渡辺公三監訳、福田素子・泉克典訳、みすず書房、二〇一六〕

¶7 ジョルジュ・デュメジル……一八九八〜一九八六。フランスの比較神話学者

108

民族学者の宝飾品

一九九一年五月二一日

*

Les bijoux de l'ethnologue

Ma perche' ci mettano i gioielli?

21 / 5 / 1991

わたしが同時代の知的な記念碑と目する『成長と形態について』〔原註1〕の口絵として、著者のダーシー・ウェントワース・トムソンが選んだのは、ひとしずくのミルクがその液面に落下していくさまを五万分の一秒でとらえた拡大写真だった。ミルクは独特の美しい跳ね返りを形づくる。落下点を中心に、まずコルレット[*1]が真ん丸くその口を広げ、その後、ミルクの微小な珠を先に戴いたそれぞれのフリルのあいだに深く切れ込みが入っていく。

著者は生物学者だった。彼がこのイメージで示そうとしたのは、連続撮影写真だけがとらえて定着させられる、ごく一瞬にだけ現れるこうした物理界の複雑な形態と、腔腸《こうちょう》動物やヒドロ虫、クラゲといった海洋生物の成長過程にもっとゆるやかな速さで示される形態とが酷似しているということだった。この書物にはそうした実例があふれている。このように照らし合わせると、物理界と生物界とが同一の形態学的諸法則に従っていることが明らかになる。これらの法則は、数学言語を用いて公式化できる不変の関係の表現なのである。

歴史家や民族学者にとって、トムソンの本の口絵はある別の次元からの歩み寄りを期待させる。ただしその歩み寄りは、このスコットランド人生物学者のテーゼを拡張して、人間精神の所産もその次元に包括できるように歴史家や民族学者をひたすら駆り立てるものである。ミルクの跳ね返りは、まったくの恣意の領域に属するはずの人工物をきわめて精確に予示している。わたしが言わんとしているのは、王冠、より厳密には伯爵の冠のことである。紋章学によると、上向きに深く切れこんだフレア状の口を広げ、その各先端に真珠を戴く、環状の金属がそれにあたる（実を言えば、真珠の数は一六個で〔ミルクの〕二四個とは異なるが、後者はおそらく液

¶1 コルレット……ルネサンス期に登場したフリル状の飾り襟

体の粘性の関数だろう）。フランス貴族の位階では、伯爵の称号は公爵や侯爵の下にくる。この三つの称号はいずれも、いわゆる開いた冠を持ち、王族の（あるいは皇帝の）閉じた王冠、つまり、複数の半円形の環がその頂きで合流するように上に伸びていく冠と対称をなしている。フランスではようやく（一六世紀の）フランソワ一世の代になってからこの型の王冠が採用されたが、それは、すでに閉じた型の王冠を着用していたイングランド国王ヘンリー八世や神聖ローマ皇帝カール五世の後塵を拝することが断じてないようにという理由からだった。

開いた冠のもっとも素朴なイメージが（侯爵や公爵の冠はもう少し複雑だが）物理界からもたらされたものだとしたら、同じように閉じた冠のイメージを物理界に見出すのもそれほど難しいことではない。雲が立ち上って、広がった後、閉じるという（生物界由来の同じくらい意味深長な類比として、しばしばキノコが思い描かれる）原子爆弾の炸裂の各段階をスナップショットで識別できるようになってからは、なおさらである。

われわれはこうして、王族や貴族の冠という自然界にはまるで対応物がなさそうに見え、芸術上の気まぐれとみなされても不思議ではない奇妙な器物が、もっともはかない物質状態という、当時まだ把握しえなかった実態を先取りして認識していたことを確認できる。それとも、こう言ったほうがよいだろうか。紋章におけるもろもろの象徴の位階は、物理界の諸状態のあいだに打ち立てられる位階をじかに反映している。つまり、不安定性の点からは、気体が液体の上位に位置づけられる……。しかし、液体の跳ね返りが伯爵の冠の、気体の爆発が王や皇帝の冠の形象の先取りであるということが発見されるには、一九世紀の終わりの連続撮影写真の登場を待たなければならなかった。つまり、ふさわしい観察方法もなしにこうした冠を思いつき、その形状を創造した人々は、自分たちが模倣している数々の物理現象について知ることなく、そのある種の表象に精通していたことになる。

ここから第一の結論が導かれる。金銀細工や装身具製作、宝石細工はおそらく、人間の想像力が心置きなく発揮されると信じられている技芸だろう。しかし、このうえなく奇想天外な空想であっても、それは世界に属している人間精神の所産である。純然たる創造から作品を生み出したと信じていても、人間精神は外の世界を知る前から、世界の何らかの実在性を自身の内側で観想しているのである。

それだけではない。なぜなら、そのはかなさがまだ把握しがたい時代にあって、物質の移ろう諸状態を象ったこれらの冠は、宝石に覆われてもいるからである。いまパリで開かれている展示会には王族の至宝が集められており〔原註2〕、ルイ一五世の王冠も目にすることができる。この王冠は、もとの状態では、二八二個ものダイヤモンドのほかに六四個もの色とりどりの宝石で飾られていた。各一六個のルビー、サファイア、エメラルド、トパーズに加え、二三〇個もの真珠も散りばめられた（ただし、一八世紀以後、すべてはレプリカに置き換えられた）。当時はまだ意識されてはいなかっただろうが、もっとも移ろいやすい物質状態を形にしたもの――ここで論じているのは、閉じた冠であるから――の上に、その冠を形づくる鉄や金銀のような金属とならんで、物質界でもっとも安定し、不滅といって差し支えない物体である宝石が置かれたのである（一般に王冠や貴族の冠には宝石が取りつけられた）。

冠の例に限らず、宝石細工の技法はいつでも、素材がとりうるこれら両極の状態を結合させ、組み合わせることを主目的としているのではないだろうか。われわれを驚かせ、惹きつける宝飾品は、揺るぎなさと脆さとを、これ以上ない形でひとつにすることに成功している。紀元前三千年紀のウル[12]の貴婦人たちは、薄く、揺れるような金の薄片で身を飾っていた。いつの時代、いかなる土地でも、金銀細工師や宝石細工師たちは、生命の形態の優雅さと移ろいやすさや不確かさを思い起こさせる貴金属の座金に、精巧な仕事でもって、固く、幾何学的で、腐敗することのない宝石を象嵌《ぞうがん》することを至上の目標と見定めていたといえるかもしれない。

*

問題を敷衍《ふえん》してみよう。過去の人々は、液体の跳ね返りや気体の爆発が生じさせるわずか数分の一秒間にしか出現しない形態を思い描くことはかなわなかった。ところが、その移ろいやすさ・不安定性が直面する危機から生じたイメージ、あるいは、もっと端的には自然法則という事実から生じたあるイメージは、そのごく短くしか続かない寿命のあいだに、これらの人々に直接的に示されたのである。個々の生き物がその他の無数の生物のさなかに誕生し、地上にごく短期間生存することは、生命の大いなる流れの表面に起きた、ごく小さな跳ね返りや爆発のように見えないだろうか。人間は、歳月の長さをはるかに超えた堅固さと持続性とをともにそなえた物質で身を飾ることによって、安定したものと不安定なものとの対立を自分自身の身体に移し替えて乗り越えようとしたのである。ここで、この対立を解剖学用語で言い表わすなら、それは硬さと軟らかさの対立となる。無文字社会が肉体について持つ表象のなかでも、この対立が最前面に位置づけられていたことを、民族誌調査が証明している。

わたしが出会ったのはもう半世紀以上も前になるが、ブラジル中央部に暮らす先住民であるボロロの人々も、この対立のうちに自らの自然哲学の原理を見出している。ボロロにとって、

¶2 ウル……古代メソポタミア、シュメール人の建てた都市国家

生は活力や硬さを、死は不活性や軟らかさを内包する。人間にせよ動物にせよ、あらゆる死体が以下ふたつの範疇に区分される。一方は、軟らかく、腐敗しやすい肉であり、もう一方は、動物なら牙や鉤爪、くちばし、人間なら骨や首飾り、羽根の装身具といった、腐敗しない部分である。ある神話が語るところでは、文化英雄である主人公が「肉体の軟らかな部位という卑しいものに穴を穿った」。主人公が耳や鼻、唇などに穴を開けたのは、これらの部位を硬いもので象徴的に置き換えるためであり、硬いものに数え上げられる爪、鉤爪、歯、牙、貝、巻き貝、植物繊維などを素材とするその意味作用は次のように理解される。つまり、装身具は、軟らかいものを硬いもので代替し、死を予示する忌避すべき身体の部位の代わりをするということである。装身具は実のところ、生命の与え手なのである。

したがって、その素材が希少であるかありふれたものであるかは、初めからたいして重要なことではない。本質的なのは、それが硬く頑強かどうかである。素材や労力からして貴重な、鼻飾りや耳飾り、唇飾りを失くしたインディアンが、失くした物を探し出すより、何か小さな木の切れ端ですぐにでも装身具を代用することに頭が一杯になっているのを、わたしは何度目にしたことだろうか……。なぜなら、軟らかい部分のなかでもっとも傷つきやすい部位であり、不吉な存在や感応力の侵入にさらされる身体の各々の孔の前で、こうした道具が見張り番をしているからである。聖書のなかで耳飾りを指すアラム語の言葉が「聖なるもの」という一般的な意味も持っていることも、あながち理由のないことではない。足や手のような身体の別の部分は一番むき出しであるため、同じようにして保護する必要が生じる。

カナダの太平洋岸のインディアンは耳にピアスをしたことがない女性について、彼女には「耳がない」という言い方をした。彼女が唇飾りをしていないと「唇がない」と言われた。ブラジルのインディアンにも同じような観念を表明する人々がいるが、その仕方はもっと積極的である。これらの人々によると、下唇に挿入する木製の円盤が正しくピアスされることによって、話す言葉は権威を帯びる。そして、耳たぶに嵌め込まれた円盤からは、他者の語りを理解して吸収する能力を授かるのである。

このような考え方からすると、宝飾品と護符を区別することに意味がなくなる。ヨーロッパ最古として知られる装身具は三万年から四万年前に遡る先史時代の遺跡から出土した。それは、紐を固定して吊るすために、穴を開けたり、くぼみをつくったりした動物の歯だった。もっと時代が下ると、彫刻を施した環形や輪切り状の骨、馬や野牛、鹿の頭の形に彫刻した骨の破片が現れる。寸法にして三〜六センチほどのこれらの道具はいずれも、何らかの実用的機能を想定するにはいささか小さすぎる。

もっと現代に近い数世紀前でさえ、中毒から守ってくれると信じられたために、ダイヤモンドにとりわけ高い価値が与えられていたことが思い起こされる。ルビーは有毒な瘴気を遠ざけるため、サファイアはその鎮痛力のため、トルコ石は危険を予知するため、アメシストは――「アメシストス〔酔わない〕」というそのギリシャ語名が証し立てるように――酩酊を醒ますために、それぞれ高い価値が与えられたのだろうか。

ただ、金が発見されて以降、旧世界でも新世界でも人々がすぐれて生命の与え手とみなしたのは、間違いなく金だった。その物理・化学的特性から、金は不変性を帯びている。金の持つ美徳については、満場一致の賛成が得られる。先に挙げたボロロの人々が暮らす土地〔ブラジル西部、現在のマト・グロッソ州〕は、ときに地表にも現れるほど金に恵まれている。彼らは金のことを、おおむね「固められた太陽の輝き」といったような意味の言葉で呼ぶが、それは金を太陽の光り輝く不朽の肉とみなした古代エジプト人の信仰と完全に照応する。この側面については、古代インドの詩人たちもまた彼らなりに、空の太陽に匹敵する地上の太陽だと金のことを歌い上げた。「不滅の金よ、太陽と同じく滅びることはない。金の丸さは太陽の丸さゆえ。何を隠そう、この金の板は太陽なのだ」。その二五～三〇世紀のち、当時は詩作もしていたカール・マルクスは、〔経済的特質だけでなく〕美的特質も強調しながら、自分なりに貴金属の比較対照をやり直そうとしていた。「ある意味では、貴金属とは、地下界から掘り起こされた個体化した光というべきものである。実際、銀はすべての光線をもとの混合した光のまま反射するのに対し、金はもっとも強烈な赤色を反射する〔原註3〕」。こうした金属固体上での光の変容は、手の届かない微細な領域で、われわれが出発点にした、安定と不安定の弁証法的対立へと議論を差し戻す。

この点については、銅も時には、金や銀に比肩する役割を果たした。小さな粒や砂金の形で見つかる金はただちに見分けることができる。金は純度が高く、拾い上げたどんな小さなかけらでさえ光を放つ。銅も金と同じく、見つかったそのままの状態でも鍛造に向く。知られる限りで最古の金は、現在のブルガリアにあたる黒海沿岸で紀元前五千年紀に採掘され、加工されたものである。ところで、その発掘現場からは金製品と同時に銅製品も出土した。しかも、その紀元前五千年紀、メキシコ以外の先コロンブス期の北アメリカでは、金は見向きもされなかった一方で、銅を加工した相当数の品物がつくられていた。このような銅への偏愛は、二〇世紀に入ってからも、カナダやアラスカの太平洋岸のインディアンのもとに強く残った。これらの人々が銅に対して抱く観念は、古代インド人や古代エジプト人が金に対して抱いた観念とあらゆる意味でそっくりである。太陽のような物質であり、超自然的な生まれを持ち、生命や幸福の源となり、もっとも貴重な富であり、その他あらゆるものの象徴であるという観念である。

われわれのもとではこのような信仰は廃れてしまったのだろうか。金にはもちろんそんなことはないが、われわれの社会のあらゆる種類の産業で用いられて地位を貶《おとし》められている銅なら、そう思われても仕方ない。しかし、銅製宝飾品の写真に囲まれて「銅は控え目ながらも生活に不可欠です。美しく、永遠で、まばゆく光り、きらびやかで、何にも使えて、温もりがあって、華やかでユニーク。銅はわれわれをさらに輝かせます」という文章が現代の雑誌を飾るのをしばしば見かける。その口ぶりは、太平洋岸のインディアンの神話とそれほど変わりはない。

価値や美しさを別にして、宝飾品が民族学者に訴えかける魅力はこのようにして生まれる。宝飾品がわれわれの文化のなかに占める一角には、かつてわたしが「野生の思考」と名づけたものが驚くほど活発に息づいている。妻がイヤリングを耳に掛けるとき、彼女たちも、それを眺める男のわれわれも、不朽の物質の力を借りていずれ朽ち果てる肉体を堅固なものにすることの大切さに、ぼんやりとではあるが気づかされる。軟らかい部分を硬い部分に変換することで、宝飾品は生と死を媒介する役割を果たす。しかも、世代から世代へと伝えられるのが宝飾品ではなかっただろうか。宝飾品がこの務めをみごと果たしおおせるのは、自然のなかで出会うもっとも安定した素材を、あの冠の形のような不安定さを呼び起こす形と組み合わせたり、その堅固さをわれわれ固有の脆さに結びつけたりすることによって、それぞれの宝飾品が、こうした矛盾が生じえないであろう理想の世界の寓話《アレゴリー》を縮減模型《ミニアチュール》の形で現実のものにするからなのである。

原註

[1] D'Arcy Wentworth Thompson, *On Growth and Form*, Cambridge University Press, 1917; second edition, reprinted, 1952.〔トムソン『生物のかたち』柳田友道他訳、東京大学出版会、一九七三〕

[2] *Le Trésor de Saint-Denis*, musée du Louvre, jusqu'au 17 juin 1991.

[3] Karl Marx, *Critique de l'économie politique*, ch. II, § iv.〔マルクス『経済学批判』大内力他訳、岩波文庫、一九五六、二〇三〜二〇四頁。ただし訳文は邦訳によらず本書原文を直接訳出した〕

芸術家の肖像

一九九二年二月二三日

北アメリカの平原に暮らす諸部族では、バイソンの革やその他の品物に具象的光景を描いたり抽象的装飾を施したりしたのは男だった。女の芸術表現の手段は主に、ヤマアラシの棘を用いた刺繡だった。それは習得に何年も要する難しい技だった。ヤマアラシのどの部位から採るかで長さや硬さがまちまちな棘は、まず平たく柔らかくしてから染めなければならなかった。続いて、それを折り曲げ、結び合わせ、束にし、組み合わせて、縫い合わせる方法を身につけ

*

Portraits d'artistes

La statua che divenne madre

23 / 2 / 1992

る必要もあった。棘の先でひどい怪我をすることもあった。

一見すると単なる装飾のようなこの幾何柄の刺繍はある象徴的な意味を示していた。それは、刺繍する女が内容や形に深く考えを巡らせたメッセージだったのである。内容や形は多くの場合、啓示によってもたらされた。例えば、刺繍する女はこれから仕上げなければならない複雑なモチーフを夢で見た。あるいは、岸壁の上や断崖の側面にモチーフが出現したり、さらには、眼前に完成形で示されたりすることもあった。啓示の主と目されるのは二つの顔を持つ神格で、諸技芸の母である。この神が新たなモチーフをある女に吹き込むと、他の女たちが真似をし、モチーフは部族のレパートリーに定着した。もっとも、モチーフを創案した当の本人も、非凡な人物としてその名を残した。

年老いた情報提供者の男は一世紀ほど前にこう言っている。「ひとたび女が『二心ある女《ダブル・ウーマン》』の夢を見ると、その後は、手を付けたあらゆることを誰よりも上手くやってのける。ただ、彼女のふるまいはまるで狂女のようだ。衝動的に笑い、予測がつかない。近づく男らをとりこにする。それが『二心ある女』と呼ばれるゆえんである。しかも、誰とでも床をともにする。ただ、仕事にかけては何ごとも彼女らの右に出る者はない。彼女らが卓越したヤマアラシの棘の刺繍職人なのは、手先がたいへん器用になるからである。彼女らは男の仕事もこなす［原註1］」。

この驚くべき芸術家の肖像は、ロマン派の芸術家像や、その同じ一九世紀に少し遅れて登場し、芸術と狂気との関係を添えたあらゆる疑似哲学的ヴァリエーションをそなえた呪われた詩人や画家の肖像をもはるかに凌駕している。われわれが比喩的な意味で語ることが、無文字社会では文字通りの意味で示される。無文字社会とわれわれにそれほどの違いがないことを——あるいは、お互いの近さを——確かめたければ、比喩と文字通りの意味とを入れ替えさえすればよい。

カナダ西部の太平洋沿岸では、画家と彫刻家とが分離されたひとつの社会的範疇をなしている。これらの人々を指す集合名詞は、こうした職人が神秘に包まれていることを示唆している。事実、男女を問わず、また子どもであっても、仕事中のこうした職人をだしぬけに訪れると、ただちに殺されてしまったという。高度に階層化されたその社会では、芸術家の地位は貴族階級に世襲で受け継がれるが、目を引く才能を示せば平民階級の男でも芸術家と認められた。いずれの場合も、芸術家の候補者たちは長くて厳しいイニシエーション儀礼を受けた。先達は自らの超自然の能力を、それを受け継ぐように定められた候補者の体へと放たなければならなかった。守護者の精霊に攫《さら》われた候補者は天空へと姿を消す。実は、候補者は新しい能力を授かって公衆の前にふたたび姿を現すまでのあいだ、差こそあれそれなりの長期間、森に身を潜めているのである。

というのも、彫刻家だけが製作する権利や才能を持っていた仮面は、単体のものであれ別々の精霊が表現できるよう各パーツを接合したものであれ、畏《おそ》るべき存在だったからである。ある学識深いインディアン男性の今世紀初めの証言によれば、「煮えたぎる言葉」と呼ばれるその超自然の守護者の仮面は「犬のような身体をしている。部族の長は仮面を顔や頭につけたりはしない。なぜなら、仮面そのものが固有の身体を持ち、危険極まりない物とされているからである。その笛を響かせるのは至難の技で、いまや誰ひとりそれができる者はいない。口で吹くのではなく、しるしの付いた箇所を指で押さえるのである。この存在については、山にある岩のどれかに住んでいるということしか知られていない。この仮面には固有の歌が存在したが、秘密裏に守られてきたため平民はまったくそれを知らなかった。その歌は大首長の子や近隣部族の首長の子だけが知っていた。煮えたぎる言葉の声を耳にするとその子たちも震えあがった。平民は恐れをなし、首長の子女は仮面に触れることは自分たちだけに許されていると誇った。それを人に見せる権利を手に入れるのはたいへん高くつくことだったのである」〔原註2〕。

芸術家は、家屋のファサードや可動式の間仕切りの装飾もすれば、《トーテムの》（と誤って形容されている）柱も彫刻し、儀礼用具もこしらえる。とくに、北アメリカのこの地域での宗教的儀式に一大スペクタクル上演の様相を与える諸々の舞台装置を考案し、製作して、操作する責任も、これら芸術家たちが負った。その舞台となるのは、屋外か、もしくは多くの招待客を収容することもできる広間をそなえ、複数の家族が居住する板作りの巨大家屋だった。

一九世紀に遡るある先住民の物語には、〔ワーグナーの楽劇の〕『神々の黄昏《たそがれ》』の最終幕の一場面と同じく、地底から湧き上がる水で広間中央のかまどが突如として水浸しになる場面が用意されていた。実物大のクジラが頭をもたげ、身をぶるっと震わせて呼吸孔から水を噴き出す。クジラが潜ると水が引き、元にもどった地面の上でふたたびかまどに火が灯せるようになった〔原註3〕。

この驚くべき装置を発明して製作する者には、一切の失敗が許されなかった。フランツ・ボアズ[*1]が一八九五年に公刊したある儀式の物語の山場は、海底で暮らしてきたとされるある男が家族のもとへ帰還する場面だった。砂浜に詰めかけた観衆は、海から出現した岩がふたつに割れ、そこから男が出てくるのを目にした。木立ちに潜んだ裏方が、離れたところから縄を使って道具を操った。この操作は二度目までうまくいった。三度目に縄がもつれて作り物の岩が沈み、主人公は溺れ死んでしまった。家族は動じることなく、彼は大海の底にとどまることを選んだと告げて、祭は予定通り続けられた。しかし、招待客が立ち去った後、故人の親族と災厄の責任者一同は身をひとつに縛り、高い崖から海へと身を投げた〔原註4〕。

こんな話もある。秘技を授かったある女が地上に帰還するという演出のために、芸術家たちはアザラシの革でクジラをこしらえ、縄を使って操作して泳がせたり沈ませたりした。芸術家たちはリアリズムへの配慮から、呼吸孔から蒸気を噴き出させようとして、焼いた石を使って内側で水を沸騰させることを思い立った。石がひとつ脇に落ちてアザラシの革を焼き、クジラが沈んでしまった。儀式の主催者や装置の製作者は、儀式の秘密を守る者の手で命を奪われることを悟って、自ら命を絶った〔原註5〕。

これらの物語はすべて、ブリティッシュ・コロンビア州の海岸部に住む先住民、ツィムシアンに由来する。その隣人で、ちょうど対岸にあるクイーン・シャーロット諸島〔二〇一〇年以降、先住民の名称にちなむハイダ・グワイに改称〕に住むハイダの人々も、海の底や森の奥にあってその全住民が芸術家である不思議な村について語っており、先住民は彼らと出会ったお蔭で絵を描くことや彫刻するすべを学んだという〔原註6〕。したがってこうした神話は、美術が超自然的起源

¶1　フランツ・ボアズ……一八五八〜一九四二。ドイツ出身の米国の人類学者。同国の人類学の総合的性格を定礎し、多くの後進も育てた

を持つことも主張している。しかし、わたしがいくつか例を挙げた宗教的儀式は明らかにすべてが作り物である。儀礼の先導者が超自然の守護者が憑いたと主張し（とはいえ、ある程度は本人もそう信じているのだろう）、笛がその精霊を象徴する音を響かせるあいだに、その守護者を自分の体内から引っ張り出して筵《むしろ》の下に隠れた新入りの体へ荒々しく投げ入れる厳かな催しもそうなら、精霊の臨在やふるまいを表しているとされる接合された仮面や自動人形の製作もそうであり、先ほどの証言に活写されている大々的スペクタクルの構成にしても、結局は作り物である。

成功したスペクタクルを前に抱く美的な感動こそが、その信仰が超自然に起源を持つことを事後的に裏づける。しかも、それが自らのからくりによることを知る創作者や演者による次のような見方からすれば、この結びつきがせいぜい仮説的な現実性しか持ちえないことも認めなければならない。「われわれ自身が積み重ねてきた困難にもかかわらず成功したからには、やはりそれは真実だったのだ」。逆に、スペクタクルの失敗は、いんちきを白日のもとにさらし、人間界と超自然界との連続性の存在という人々が抱いている確信をも失墜させかねない。この階層化された社会では、貴族階級の権力も、平民階級の従属関係も、奴隷の隷従も超自然的秩序のなかでおのずと承認され、社会秩序も結果的にそれに依存しているだけになおさら、そのような確信はなくてはならないものなのである。

われわれは、自身をさらなる高みに引き上げることのできない無能な芸術家に（経済的、社会的な死を科すことはあっても）肉体的な死を科すことはないが、それでも、芸術と超自然的なものとのあいだに何かのつながりを確立しようとしてはいないだろうか。われわれが偉大な作品や仕事を前にして抱く感動を形容するときに好んで使う《熱狂《アントゥージアスム》》という言葉の語源的な意味〔「神のうちにある状態」〕がそれである。少し前までは《神のような》ラファエロと言われ、英語では美に関する語彙として〈この世の外 *out of this world*〉という表現もあった。しかもこの場合、本来の意味と比喩的な意味とを入れ替えるだけで、われわれに驚嘆や嫌悪の念を引き起こすこうした人々の信仰や実践に、われわれ自身の信仰や実践に近しい雰囲気を認めることができるだろう。

芸術家の条件——社会階層の上位に置かれはするが、いんちきを弄することを運命づけられ、ひとたび失敗すれば自死を強いられるか殺される——がとりわけ陰鬱さを帯びている、この同じアメリカの一地域は、その一方で、詩情に満ちた芸術家の肖像と、そのあふれんばかりの魅力ももたらしてくれる。ツィムシアンと直接に隣接する、アラスカのトリンギットの人々のある神話は、クイーン・シャーロット諸島の一人の若い首長に仲むつまじい妻がいたと語る。病の床に臥した彼女は夫の献身的な看病の甲斐なくこの世を去る。悲嘆に暮れた夫は、故人の面影を再現してくれそうな彫刻家を探し求めて東奔西走した。しかし、それができる者は誰もいなかった。ところで、同じ村には非常に高名な彫刻家が住んでいた。ある日、彫刻家はその男やもめに出会ってこう話しかけた。「おぬしが村々を渡り歩いても、妻の記憶を形にしてくれる者はひとりも見つからない。違うかね。わしはおぬしらが一緒に散歩するとき何度か妻を見たことがある。いつか再現してくれと頼まれるのを見越して顔立ちをしっかり眺めたことはないが、それでも構わないというなら、やってみようではないか」。

彫刻家はアメリカネズコの丸太を手に入れて仕事に取り掛かった。作品ができあがると、亡くなった妻の衣服を着せて、夫を呼び出した。夫はいたくよろこんで像を持ち帰り、彫刻家に費用はどれほど掛かったかを尋ねた。「おぬしの心持ちでよい。おぬしの心痛への共感にわしは動かされたのだ。それほどもらうには及ばんよ」と彫刻家は答えた。にもかかわらず、若い首長は彫刻家に奴隷ばかりか、とりどりの財宝も含めて、かなりの代価を支払ったのだった。

その芸術家は高名すぎて、名望家でさえ注文を尻込みする。作品に取り掛かる前にモデルの容貌を研究しておくべきだと当然のように考えている。製作中の姿を人には見せない。その作品には相当な値がつく。そして、人間味にあふれ、必要ならば無欲な態度を取ることも心得ている。ここに見て取れるのは現代でさえ通用する偉大な画家や彫刻家の理想像ではないだろうか。われわれの社会でも、このような芸術家を誰もが待望することだろう。ただ、もう少し神話に耳を傾けてみよう。

若い首長は彫像をあたかも生きているかのように遇し、ある日には彫像が動いたとさえ感じた。生き写しさながらの彫像に訪問客の誰もが息を呑んだ。かなり時間が経って、彼がその体をつぶさに調べると、人間の体と何ら変わりがなくなっていることがわかった（その後どうなるかはおよそ推測できるだろう）。実際、それから少しすると、彫像は木が割れるような音を発した。彫像を持ち上げると、その下に小さなアメリカネズコが生え出ているではないか。芽はそのまま成長していき、これがクイーン・シャーロット諸島のアメリカネズコがたいそう美しい理由である。美しい木を探して見つかると、「首長の妻の子のようだ」と言われる。彫像はというと、ほとんど身動きもせず、話していることも決して聞こえないが、夫だけは夢を通じて話しかけ、また彼女の言っていることも判ったという［原註7］。

ツィムシアンの人々（その芸術的才能を讃えるトリンギットの人々がすすんで注文をした）は木の彫像の物語を別なふうに語る。ここでは、故人となった妻の像を彫るのは男やもめその人である。彼はあたかも生きているかのように彫像と接し、問答して親しく語らうふりをしていた。

ある日、ある二人姉妹が小屋に忍びこんで身を潜めた。ふたりがそこで見たのは、木の彫像に口づけして抱きしめる男の姿だった。それがふたりの笑いを誘うと、男が気づき、夕食に誘う。妹は控えめに、姉は貪るように食事をした。その後、寝ている最中に姉は腹痛に見舞われて、粗相をしてしまう。妹と男やもめは以下の約束を交わして結婚することに決めた。男が彫像を焼いて、姉の不名誉なふるまいに口を閉ざす一方、妹は「彼がそれまで木の彫像としていたこと」を誰にも口外しないと互いに誓いを立てたのである〔原註8〕。

食に関する（量的）過剰と性に関する（質的）過剰が平行関係に置かれていることが印象的である。なぜなら、どちらの場合も鍵になるのはコミュニケーションの過剰だからである。度を越して食べることと、あたかも人間であるかのように彫像を相手に性交することは、世界中の言語で（フランス語では比喩的にではあるが）「食べること」と「性交すること」がしばしば同じ言葉で表現されることからして、別の領域における類似のふるまいと言ってよい。しかし、トリンギット神話とツィムシアン神話はそのモチーフの扱いが同じではない。ツィムシアン神話は人間と木の彫像との混同を非難する。ツィムシアンで彫刻家や画家がどのような神秘に包まれた存在であるかはすでに見たとおりで、その彫像は専門家ではなく素人の作品である。芸術を生命と引き換えにすることは、芸術家の特権であると同時に義務でもある。ただ、芸術作品が創造するこうした幻想には社会秩序と超自然の秩序の絆を保証する目的もあるために、特定の個人が自らの便宜のためだけにそれを求めるのは許しがたいことだった。姉妹が代表する世論に照らせば、男やもめのふるまいはスキャンダラスであるか、少なくとも滑稽に映るはずである。

トリンギット神話は芸術作品について別の考え方を提案している。男やもめのふるまいは世論に何ら背くものではない。実際、傑作を賞賛しに人々が首長のもとに詰めかけるのだから。ただ、ここでは彫像は偉大な芸術家の作品であり（にもかかわらず、もしくはそのせいで）生命と芸術の中間にとどまる。植物は植物しか生み出さず、木の妻が産めるのは木でしかない。トリンギット神話は芸術を自律した領域とする。つまり、作品が作者の意図の手前と向こう側の両方に位置づけられるのである。作者は創造するや否や自らの作品を制御するすべを失う。作品は自らに固有の本性に沿って成長していく。つまり、芸術作品を不朽のものにする方法は、同時代人にとって先行作品より生き生きとして見える別の芸術作品を生み出すことだと言い換えてもよい。

千年紀の単位で眺めてみると、人間の情熱は互いに混じり合って、その各々を判別しがたくなる。人間たちが抱く愛情や嫌悪、交わした約束、その闘争や欲望に、時間が何かを付け加えることもなければ、何かを差し引くこともない。かつてもいまも、そのことはつねに変わらない。歴史から当てずっぽうに一〇世紀や二〇世紀分を消し去ったとしても、人間の本性についてのわれわれの知識が目に見えて影響を受けることはない。ただし、その世紀のあいだに日の目を見たはずの芸術作品だけは取り替えのきかない損失になるだろう。自らの作品を通じてのみ、人間は他と異なることができ、そうして存在しているとさえ言えるのだから。木の彫像が木を芽生えさせたように、ただ芸術作品だけが、時の流れのなかで人間のあいだに実際に何物かが生じたことの証になるのである。

原註

［1］ J. R. Walker, *Lakota Belief and Ritual*, Univ. of Nebraska Press, 1991, p. 165-166.
［2］ F. Boas, *Tsimshian Mythology*, 31st Annual Report, Bureau of American Ethnology, 1916, p. 555.
［3］ M. Seguin, ed. *The Tsimshian. Images of the Past; Views of the Present*, Vancouver, Univ. of British Columbia, p. 164.
［4］ F. Boas, « The Nass River Indians », *Report of the British Association for the Advancement of Science for 1895*, p. 580.
［5］ *The Tsimshian* (...), l.c., p. 287-288.
［6］ J. R. Swanton, *Haida Texts* (Memoirs of the American Museum of National History, XIV, 1908), p. 457-489.
［7］ J. R. Swanton, *Tlingit Myths and Texts* (Bulletin 39, Bureau of American Ethnology, 1909), p. 181-182.
［8］ F. Boas, *Tsimshian Mythology*, l.c., p. 152-154.

133

モンテーニュとアメリカ

一九九二年九月一一日

*

Montaigne et l'Amérique

Come Montaigne scoprì l'America

11 / 9 / 1992

モンテーニュの没後百年とアメリカ大陸発見百周年は一世紀の時を隔てて重なっている。今年、一九九二年に彼の没後四百年とアメリカ大陸発見五百周年が祝われるのはいかにも象徴的なことである。「新世界」の発見がその後に「旧世界」の哲学的・政治的・宗教的観念にもたらそうとしていた大変動を十分に理解し、それを告げ知らせるすべを持ちえた者は、モンテーニュをおいては誰ひとりいなかったのだから。

モンテーニュが登場するまでは、旧世界が人類の半分しか代表していないという劇的であるはずの新事実すら、世論どころか学者にさえ何の動揺をもたらすこともなかった。彼の言う「果てしもなく大きな大陸」の発見、そして、「ひとつの島とかひとつの地域とかいうものでなく、われわれの知っている大陸とほとんど同じくらい広い」[1]大陸の発見にもかかわらず、それは何の啓示ももたらさなかったのである。その発見によって、聖書や古代ギリシャ・ローマの著作者を通して知っていたこと、つまり、はるか遠くにある大陸――エデンの園、アトランティス、ヘスペリデスの園、幸運の島――やプリニウスがすでに描いていた風変わりな人種の存在が確認されたにすぎなかった。新世界の先住民の習俗には、古代人が知っていた異邦の民の習俗と比べてそれほどの新しさがあったわけではなかった。むしろ、古代人の証言が確証されたのである。一六世紀が始まる頃にはまだ、ヨーロッパの意識はこのような確信に励まされ、自らの殻に閉じこもることができた。ヨーロッパの意識にとって、近代の幕はアメリカ大陸の発見によって切って落とされたのではなかった。古代ギリシャ・ローマの著作を経由した古代世界の発見によりルネサンスで始まったひとつの章は、その古代世界のほうがより重要だという判断に基づいてそのまま閉じられてしまったのである。

一五三三年生まれのモンテーニュが考えを巡らせ始めたのはその少し後のことである。そして、いつも冴えていた持ち前の好奇心から、新世界についての情報を手に入れるよう導かれていった。近づくことのできた情報源は二つあった。一つは、初期のスペイン人年代記作者による征服の記録であり、もう一つは、当時刊行されて間もないブラジル沿岸部でインディアンと暮らしたフランス人旅行者たちの物語だった。こうした証人の一人とは実際に面識があり、よく知られているように、ある船乗りがルーアンに荷揚げした数人の野蛮人とも出会っている。

こうした原資料を突き合わせることで、モンテーニュはメキシコやペルーの大文明と熱帯アメリカ低地地方の慎ましい文化との差異を意識するようになったが、それは現在のアメリカ研究者たちも踏襲している態度である。政治組織や、都市の壮麗さ、芸術の洗練などの点で、われわれといささかもひけを取らないたいへんに密度の高い人々がいる一方で、初歩的な生業しか持たない村落ほどの小集団もいることはモンテーニュを別の意味で驚かせた。存在して維持されていくために「あれほど人為も人間的結合剤も必要としない」社会生活というものにモンテーニュは感嘆したのだった。

¶1 「果てしもなく大きな大陸～同じくらい広い」……モンテーニュ『エセー』一、原二郎訳、岩波文庫、一九六五、第三一章「食人種について」。ただし訳文は本書原文から直接訳出したこの対比はモンテーニュの思考を二つの方向に導いた。「われらが人食い人種」と彼が呼んだブラジルの野蛮人は、社会生活を可能にするのに必要な最低条件という問題を彼に投げかけた。言い換えると、社会的絆の本性とは何かという問いである。その問いへの書きかけの応答が『エセー』にいくつも散りばめられている。とりわけ明らかなのは、モンテーニュはその問いを定式化しながら、ホッブズ、ロック、ルソーの手で一七、一八世紀のあらゆる政治哲学がその上に築き上げられていく基盤を築いたということである。『社会契約論』にあるルソーからの最後の応答は、モンテーニュの最初の問いかけと同様、民族誌的事実をめぐる考察である『人間不平等起源論』の考察をもとに生まれたものだけに、この両者の連続性がますます浮き彫りになる。モンテーニュがブラジルのインディアンに求めた教訓は、ルソーを通じて、フランス革命の政治的理説にまでつながるとさえ言えそうである。

アステカ、インカの文明度は自然法からかけ離れたものであったために、もうひとつ別の問題を提起する。この両文明はおそらくギリシャやローマと対等であった。なぜなら、金属製甲冑や火器をもっていた白人にこの点で遅れを取ってしまったためにスペイン人にやすやすと許した「機械的勝利」は、これらの人々に相応の武装さえあったなら免れることができたかもしれないからである。モンテーニュはこのようにして、一つの文明のなかに内的不整合が現れるということ、諸文明のあいだに外的不整合が存在するということを発見する。

新世界は、彼らの慣習とわれわれの現在なり過去なりの慣習とのあいだに、奇妙な類似があることの実例となる。ところで、ここではわれわれは互いを知らなかったという事実があるのだから、アメリカ・インディアンがわれわれから慣習を取り入れた（あるいは、その逆）ことはありえないだろう。そして、相異し、ときに矛盾しさえする習慣が大西洋の両岸にある以上、われわれはいずれの側にも自然的基盤を一切見出すこともできないはずである。

苦境から脱しようとして、モンテーニュは二つの解決策を検討する。諸社会の不一致にも偶然の一致にもそれが慣習であるということ以上の何の根拠もないのだから、それに照らせば時代や場所の遠近を問わずあらゆる社会を野蛮だと形容できそうな理性の法廷に服すること。これが第一の解決策と言えそうである。

ところが、他方で「おのおのが、自分の慣習にはないものを野蛮と呼ぶ」とも言う。とはいえ、それ自体の文脈に置き直して正しく導かれた推論からも説明がつかず、時には言語道断だと感じさせさえするほどの、あまりにも奇妙で不快な信仰やしきたりは存在しない。第一の仮説ではどのような慣習も正当化されない。そして、もう一方の仮説ではあらゆる慣習が正当化されることになる。

こうしてモンテーニュは、現在もなお哲学的思考がいずれを選択するか決めかねているように見える二つの展望を切り開く。一方の側には、歴史上の全社会を批判対象にして合理的社会というユートピアの夢をあたためる啓蒙哲学がある。そして、もう一方の側には、ある文化が異文化を評価する拠り所となるどんな絶対的基準も受けつけない相対主義がある。

モンテーニュ以来、彼にならってこの矛盾からの脱出がたえず試みられてきた。『エセー』の著者の死と新世界の発見とが同時に記念される一九九二年の今年、この発見によって物質的次元で自らの文明をことごとく変えた食料品、工業品、医薬品がわれわれにもたらされたというだけで済ませるべきでないと改めて思いを致すのは大切なことである。この発見は、つねにわれわれの考察の糧となっている観念の起源であり、モンテーニュの手で初めて提起された哲学的問題の起源でもあるが、彼ありせばこその起源である。現代思想にとってこの問題はいささかも深刻さを失ってはいないどころか、いっそう深刻さを増している。ただし、モンテーニュが『エセー』でなしたほどの深さ、明晰さでこの問題を分析しえた者は、この四世紀のあいだ誰ひとりいなかったのである。

神話的思考と科学的思考

一九九三年二月七日

*

Pensée mythique et scientifique

L' Ultimo degli Irochesi

7 / 2 / 1993

われわれが生きる二〇世紀を通して、科学的知識はそれまでの二千年間になしとげた以上の進歩をみた。ところが——奇妙な逆説だが——科学が進歩すればするほど、科学をめぐる哲学的反省はますます控え目な態度を示すようになった。一七世紀の哲学者たちは、ロックとデカルトを援用して、感覚に由来する知識は人を欺《あざむ》くものだと確信した。われわれが色や音や匂いとして知覚するものの背後には、延長と運動しかない。現実なるものの実体はそこで把握される、少なくともそう信じられた。カントはその一世紀のち、空間と時間そのものがわれわれの感性の形式だと主張して、この錯覚を告発することになる。人間精神は世界に対して自ら拘束を課すのであり、その限界を超えて理性を行使しようと望んでも、精神は解決不能な矛盾に突きあたってしまう。ただし、こうした狭窄《きょうさく》はわれわれの力でもある。なぜなら、われわれがそう知覚する世界というものは、不可知の現実が精神の建築を通過してきた屈折にほかならず、その定義からしてわれわれ自身の論理規則に従うからである。

天体物理学と量子物理学が誕生してからは、その自惚れも放棄しなければならなくなった。なぜなら、新たな姿をした科学により、認識可能だと信じるものと思考の作動規則との両立不可能性に直面させられるからである。宇宙にはひとつの歴史があり、それは〈ビッグ・バン〉と呼び習わされるもので始まるという発想は、時間と空間が実在性を回復する一方で、それと同時に時間がまだ存在しなかった時間や、さらには――この表現がとてつもない矛盾でないとしてだが――空間は宇宙とともに現れるはずであるからまだ空間のなかにはない萌芽状態の宇宙が存在したことも認めざるをえなくなる。そして、天体物理学者たちが門外漢のわれわれに向かって宇宙は百億光年ほどの直径を持ち、われわれの銀河系と近隣の銀河系とがその宇宙のなかで秒速六百キロメートルで位置を変えていると説明をしたところで、並の人間であるわれわれにとってそれはいかにも空虚な言葉であって、そこから何かを思い描くことはできないと白状せざるをえない。

無限小の尺度では微粒子どころか原子さえも、ここそこに同時に存在したり、あらゆる場にありながらどこにもなかったり、あるときは波としてあるときは粒子としてふるまうことがありえると説明される。どの命題も学者だけが解釈できる数学上の計算や複雑な実験から生まれたもので、学者には意味のある命題ばかりである。これらの命題はしかしながら、論理的推論の法則どころか自同律[1]にさえ抵触しているために、日常言語への置き換えすらままならない。

以下のことを確認しておかなければならない。長らくその存在さえ予見されることのなかった極大あるいは極小規模の現象は、法外にみえる神話上の構築物さながら、常識と衝突する。物理学者たちが自らの流儀で描写を試みている世界は、市井の人々はもちろん非専門家に対しても、われわれの遠い先祖が超自然のものとして把握した世界のある種の等価物を回復させる。その世界では、あらゆることが日常の世界とは別なふうに、たいていはあべこべに起こる。

---

[1] 自同律……「AはAである」という論理学の思考原理。一つの思考において、用いられる概念はつねに同じ意味を保たなければならないということ。同一原理ともいう

る。古代の人々やもっとわれわれに近い時代の無文字社会の人々は、こうした超自然の世界を想像しようとして神話を発明した。現代の物理学者が研究結果やそこから生じる仮説をわれわれの手の届くものにしようとして考案した寓話を、これらの神話が時に先取りしているのを確かめるのは興味深いことであり、皮肉でもある。

気のきいた事例をここでひとつお目に掛けたい。量子物理学が微視的尺度で描写している現象を巨視的尺度へと転換したものが見て取れると言いたくなる事例である。イロクォイ同盟を構成した五つの民のひとつだったセネカ・インディアンの神話には、好奇心を誘う挿話がひとつ含まれている。ある若い娘は力のある女魔術師の息子だと知っていた男との結婚に同意し、その母親が住む村まで男の後をついて行った。「夫が前を歩き、ふたりはやがて、小道が二つに分かれる分岐点に着いた。二股の小道はもっと先で、長く伸びた環が閉じられるように一つに合流していた。娘はそこで、夫がふたりに分かれてそれぞれの小道を進んでゆくのを目にして面食らった。どちらの道を選べばよいかわからず彼女はうろたえる。彼女は右の道を選ぶが（神話には反対のケースで何が起こることになるかの言及はない）、さいわいにして二本の道がすぐに再合流していたことが分かり、夫の二つの体もそこでふたたび一体になった。『彼らは平行に進む二本の道である』という意味の奇妙な人物名はここに由来すると言われる」。ある単数形の存在が、文法上は複数形で指し示されているのはそのためである。

ここでの人の身体のふるまいは、回折する波のようでもあれば、それ自体の個体性を保つ微粒子のようでもある。確かに日常で経験する世界とは異なる世界をイロクォイの人々はこのように思い描いた。この挿話を含むその神話は細部まで分け入るにはあまりに長く、しかも込み入っている。ここでは以下のことを示唆しておけば十分だろう。双子である登場人物が、互いの眼を一個または両方とも失くしたり、発見したり、貸し合ったり、取り替え合ったりしてその神話は進んでいく。それはあたかも、単眼でも双眼でもありえる視覚が、単一経路を通ろうが二経路を同時に通ろうがそれ自体は同一性を保つということの、自然から提供された操作モデルの代わりであるかのように見える。

目の前に二本の道が現れれば二つに分かれるひとりの男をめぐるこの物語は、ひとまとまりの微粒子が遮蔽物に一つ二つ穿たれたすき間を通過するときに、波の列のようにも、粒子のようにもふるまうことを、通俗的な解説書のなかでわれわれにも理解できるように心を砕いた物理学者がひねり出した譬え話と驚くほど似ている。

このような比較をするときにわたしは、いかなる神秘主義にも陥らないよう慎重になる。古代的思考の諸形式と科学的思考とのあいだに混同を生み育てることはとうてい認められない。

ありふれた言葉で表現しようとして両者が同一語彙を採用したとしても、実験の観点からみれば、後者は有効であっても前者はそうではない。物質が原子からできているという発想も、はるか古代まで遡るものだとはいえ根拠のない仮説であって、感覚器官に限定した観察方法を用いた検証はままならない状態でしかなかった。その発想は、長らくアプローチできなかったごく微小な現象や出来事に適用されて、ようやく有効性を獲得することになった。波と粒子の二重性ともなればなおさらである。

しかし、二つの事例において興味深いのは、ひたすら知的な思弁が、人間には認識しようもなかった実在の秩序について確かにある種の先取り表現をもたらしえたことである。

二五〇〇年前の前ソクラテス派に端を発する草創期ギリシャ哲学のいくつかの端緒を考えても、同様の考察が呼び起される。こうした思想家のある者は水が、ある者は火が、ある者は空気がすべてを生じさせる原初の実在であるとして、その実在は初めから等質の全体を形成していたとか、原子から組み立てられて現在もそうあり続けているなどと主張した。存在と生成、不変と変化の本性に考えを巡らせるとき、その同じ哲学者たちは現実をまったく参照することなく概念を精査し、知的体操をどれだけ先に進められるか確かめることだけにもっぱら力を注いだ。精神による拘束が範囲を定める〈ありうること《ポシーブル》〉についての体系立った詳細調査にひたすら打ち込んだのである。その哲学的反省は世界に向けられていない。精神の枠組みの地図作成に力を尽くして、その一覧表の枡目を作成し、その表のいくつかの欄は将来の知識の進歩で埋められていくだろうが、その他の欄は一時的か、もしかすると最後まで空欄のままに残されることになるだろう。実験による検証も事実との照合もない。その精神は、まだ研究のディシプリンによって飼い慣らされておらず、自分自身の力とその潜在能力の発見とに夢中になっているのである。

この点に関する格好の事例は、プルタルコスが『食卓歓談集』で取り上げている、前ソクラテス派の哲学者のもっとも有名な一人を主人公とする逸話[12]だろう。ある日、イチジクを食べていたデモクリトスは蜜の味がすることに気づいて、下女にその産地を尋ねる。下女がある果樹園の名を挙げると、デモクリトスはこの甘さの原因をつきとめるために実地で考察や検証を行いたいからすぐにそこへ連れて行くように求めた。下女は「それには及びません。わたしが考

[12] 逸話……モンテーニュ『エセー』第二巻第一二章「レーモン・スボンの弁護」からの再引用と思われる。邦訳ではモンテーニュ『エセー』一、原二郎訳、岩波文庫、一九六六、一三六頁。ただし訳文は邦訳によらず本書原文から直接訳出した

えもせず、蜜が入れてあった瓶にイチジクを入れたからです」と言った。するとデモクリトスは「そんなことを言われるなんてがっかりだ。私がしたかったのは自分の思いつきをたどることで、甘さがイチジクそのものに由来するかのように原因を探るつもりだったのに」と言葉を返したのである。

伝承によれば、デモクリトスは盛んに経験的観察も行っていたようである。この事例でも、初動で観察に向かおうとしたのだが、自らの思考を働かせようと意を決するよろこびに抗しきれず、「おしゃべりにぴったりの主題と素材」が提供されさえすれば、たとえそれが空回りであったり、誤った前提に基づいていたりしていても、そんなことは二義的な細部だったとプルタルコスは言っている。

人類が存在して以来、いつでもどこでも人間がしてきたもっとも不変な活動のひとつに、《自分の発想を追求すること》がある。こうした訓練は人間に充足感をもたらし、そこに秘められた重要性に気づかせもするのだが、その踏査の行き着く先を自問することはない。空想の歩みがもたらす発想は長らく隠れていた真の世界をこの程度しか反映していなかった。そう気づかされるのに、たとえ数世紀、数千年紀の歳月を要したとしても、精神の能力踏査はつねにどこかに通じている、それもまた事実である――科学的思考の歴史、とりわけ数学の歴史がこのことを証明している。

人間があまりに長いあいだ自らの糧としてきた神話はおそらく、想像力という資源の踏査だったが、それは体系的なものであり、決して無駄ではなかった。神話にはありとあらゆる種類の不条理、日常的経験の対極にある創造物や出来事が登場するが、初めに神話が置かれていた尺度と共通に測れないある尺度のもとで、これらの創造物や出来事は意味を完全に欠いた状態をやがて脱することになる。ただいつの日か、神話の提示する諸々の世界像が、この世界にふさわしく、世界の相貌を描き出すのにもうってつけだと明らかになるとしたら、それは、《世界の一部である》精神の構成原理のなかに、これらの尺度がいわば点線であらかじめ刻み入れられていたからである。

量子物理学の見かけ上の矛盾を乗り越えるにあたって、民族学者と詩人に目を向けるように同時代人に促した量子物理学の父のひとりであるニールス・ボーアの卓見が、これでいっそう理解できる。民族学者について言えば、ボーアはすでに四〇年前、ある会議に集まった民族学者たちを前に「人間文化間の伝統的な差異は、物理学の実験がそれにしたがって叙述をなしうる、差異はありながらどれも等価な数々の方法と多くの点で似ている」と認めていた。波と粒子のイメージは、同時に用いられてこそ、ある同一の対象が持つ諸特性をわれわれに把握させてくれる。それは、互いに矛盾するだけでなく、ときにそれ自体にさえも矛盾を抱えた信仰、慣習、制度をくぐり抜けなければ、普遍的な人間の現象である文化の概略をつかむことなどできないとする民族学者のようである。

他方、詩人について言えば、日常的な経験より深い水準に位置する真実にたどり着くために、独創的かつ総合的な言語の使用法が編み出される。捉えられずにいる対象の輪郭線を浮かびあがらせるために複数の視座に立ったり、相容れない意味を含んだ言葉を並置させたり（かつての文法学者たちはこれを撞着《どうちゃく》語法と呼んだ）する。それぞれの神話は複数のヴァリアントを許容することから、神話をここに付け加えてもよいだろう。これらのヴァリアントは、互いに異なり、ときに矛盾するイメージにより、記述という直接的な努力からはこぼれ落ちてしまう構造を知覚可能にする。

かつてヴィーコがそれを「著作家たちの機知に富む発明品」とする考えを避けて主張したのと同様〔原註1〕、もっとも現代的な装いをした科学的思考もこのように、隠喩《メタフォール》と類比《アナロジー》が、言語活動においておそらくはその起源以来、当然あるべきものとして命脈を保ってきたということを認めるよう促している。人間科学と自然科学の並行した進化は同じ方向に向かう。その進化はまた、比喩的言語を、そう思い込まれているように思考と現実を切り離すものではなく、思考を現実に肉薄させる思考の原理的様態とみなすようにも促すのである。すでに一八世紀にヴィーコは「散文家の語りが本来的なものであって、詩人の語りは非本来的なものであり、散文による語りがはじめにあって、その後に韻文の語りが登場したとする、文法学者たちに共通したふたつの誤謬《ごびゅう》」を告発していた。ヴィーコによれば人類の端緒において真であったこと、おそらくは、それがいまふたたび真になりつつある。

原註

［1］ Giambattista Vico, *La Science nouvelle* (1744), Livre Deuxième, deuxième section, chapitre II, V, paragraphe 409, traduit de l'italien et présenté par Alain Pons, Paris, Fayard, 2001, p. 177. G. Vico, *La Scienza nuova* (1744), *Opere*, tome 1, a cura di Andrea Battistini, Milan, Mondadori (I Meridiani, 1990), 2001, p. 591. Pour la citation suivante, voir le même paragraphe 409. 〔ヴィーコ『新しい学』上、第二巻第二部第二章五（段落番号四〇九）、上村忠男訳、中公文庫、二〇一八、三三五〜三三六頁。訳文は文脈に応じて変更した〕

われらみな食人種《カニバル》

一九九三年一〇月一〇日

*

Nous sommes tous des cannibales

Siamo tutti cannibali

10 / 10 / 1993

ニューギニア島内陸部の山岳地帯は一九三二年まで、この地球上にまったく未知のまま残された最後の地域だった。途方もない天然の要害のため、容易に近づくことができなかったからである。黄金の探索者たちが宣教師をすぐ後ろに従えてこの地域に入り込んでいったが、第二次世界大戦のためにその企ても中断された。ようやく一九五〇年になって、同一語族に属する別々の言語を話す百万人ほどの人々がこの広大な領域に暮らしていることが判明した。これらの人々は白人の存在を知らず、白人のことを神か幽霊だと思っていた。この人々の慣習、信仰、社会組織が、民族学者に思いもよらなかった研究領域を開いていくことになる。

この研究領域は民族学者にだけ開かれたのではなかった。一九五六年、アメリカの生物学者、カールトン・ガジュセック博士はこの地域で未知の病を発見した。約二五〇平方マイル〔約二六〇万平方キロメートル〕〔原註1〕の面積がありながら、約一六〇の村々に点在する人口はわずか三万五千人を数えるのみというその一帯では、震えを抑えられなくなったり〈《揺れ動く》とか《ガタガタ震える》という意味の〈クールー〉という病名はこれに由来する〉進行性の随意運動失調をきたしたりする症状が毎年百人に一人の割合で見られ、その後にさまざまな感染症へと至る中枢神経組織の変質によって死者も出ていた。ガジュセックは一度はこれを遺伝性の病だと考えたが、後になって、分離・抽出はまだできていないがとりわけ抵抗力の強い遅発性のウイルスが原因だと証明してみせた。

遅発性ウイルスに由来する退行性の病が人間に見つかったのはこれが最初だったが、それはヒツジの《身震い》〈英語で言う〈スクレイピー〉〉や、近年イギリスでも猛威をふるった狂牛病のような動物病の症状に酷似していた。人間においても、クロイツフェルト＝ヤコブ病という神経組織の退行性疾患が、散発的な状態ではあるが世界中に存在していた。ガジュセックはその病もクールーと同じようにサルに感染させることができることを示して、それとクールーとが同一の病であると証明した（だからと言って、遺伝的素因が斥《しりぞ》けられたわけではない）。ガジュセックはこの発見によって一九七六年度のノーベル医学生理学賞を受賞した。

クールーの場合には、遺伝学的仮説と統計とがうまく一致しなかった。多くの場合、この病を患うのは成人男性よりも女性や若年の子どもたちであり、病がいちばん猛威をふるった村では、二、三人ときには四人の男性に対して、女性が一人しかいないという状況にさえなっていた。そのため、おそらく二〇世紀初頭に出現したと思われるクールーによって、一夫多妻の減少、独身男性や家族を抱えた男やもめの割合の増加、配偶者選択時の女性の自由度の向上といった社会学的帰結がもたらされた。

たとえクールーの始まりが感染にあるにせよ、ウイルスを運ぶ一種ないしは複数種の媒介者に加えて、この病が年齢層や性別からみて変則的に分布している理由も解明されなければならない。しかし、食糧事情や女性や子どもが生活する小屋の不衛生といった側面（女性や子どもは一住居に共同で暮らす夫や父とは離れて生活し、恋愛の出会いは森や庭で生じた）の調査では、はかばかしい成果があがらなかった。

やがて民族学者がこの地域に入り込むようになると、別の仮説が提出された。オーストラリア政府に行政管理が移管される以前にクールーの犠牲となった集団は、カニバリズムに熱を入れていた。一定範囲の近親者の遺体を食べることが、当人に愛情を示し敬意を表する仕方とされていたのである。人々は、肉や内臓、脳を焼いて食べ、骨は砕いて野菜と一緒に調理して食べた。遺体の解体やその他の調理作業を入念に行うこと、そしてとりわけ、この死の食事の味見をすることは女性の役割だった。ここから、ウイルスに感染した脳に手を触れたことでこうした女性たちがまず感染し、その幼な子たちも肉体的接触を通じてウイルスに感染したという推測が成り立つ。

この地域でのこうしたカニバリズムの実践の始まりとクールーの出現は、どうやら同じ時期のことらしい。そして、白人の影響でその実践に終止符が打たれて以降は、クールーも一定して減少していき、現在ではほとんど見られなくなっている。したがって、その原因と結果はつながっていると言えそうである。とはいえ、原住民の情報提供者がその細部に至るまで驚くほど詳らかに語ったその実践は、調査が始められた時点ではすでに行われなくなっていたのだから、慎重であるに越したことはない。この問題を決定的に解決したと主張することを許してくれる直接の観察やフィールドで行われた経験は、ひとつも得られていないのである。

＊

ところで、この数ヶ月というもの、（先に述べたクールーと同一の）クロイツフェルト＝ヤコブ病の症例の報道がフランスでもイギリスでもオーストラリアでも加熱している。人間の脳下垂体（脳髄基底部の小さな腺）から抽出したホルモンを注射したり、脳髄に由来する膜を移植したりした結果としてこの病は発症する。前者は若年の子どもの発達障害に、後者は女性の不妊症に対処するために用いられる治療である。イギリス、ニュージーランド、アメリカ合衆国では不妊症に関するいくつかの死亡例が報じられた。このほか、フランスでも最近になって、殺菌が充分でなかったと思われる人間の脳髄から抽出した成長ホルモンを投与された子どもたちの死亡例が報じられた。後者は、フランス世論をもっと大規模に揺るがしたエイズウイルスに感染した血液をめぐる大事件に比肩するスキャンダルとして語られ、エイズ問題と同様に司法への提訴も行われた。

クールーという異国の少数民族に固有の病気の起源がカニバリズムにあるらしいという、民族学者が着想して医学者や生物学者にも受け入れられた仮説はこうして、われわれのもとでもその例証が衝撃的な形で見出されたのである。あちこちにあるクールーの姉妹病は、なるほど、それぞれ経路が異なってはいても、人間の脳物質を体内に取り入れた子どもや女性たちが感染する。一方の事例がもう一方の事例の立証にならないとはいえ、両者には際立った類似性が存在している。

このように両者を関連づけることにはおそらく反論があるだろう。しかし、他人に由来する物質を誰かの身体に移入するに当たって経路が口からであるか血液からであるか、つまり嚥下《アンジェスチオン》と注射《アンジェクシオン》のどちらであるかにどれほどの本質的差異があるだろうか。人肉への獣じみた欲望があるからこそ、カニバリズムは怖気を催させるのだと言う人もいるだろう。それならば、このような人たちは、罪の宣告をこれらいくつかの極端な事例だけにとどめておくしかない。宗教的義務として課され、たいていは嫌悪感や身体の不調や嘔吐として現れる反発心さえ伴いながら遂行されるその他の明白な諸事例は、カニバリズムの定義から差し引いて考えなければならなくなるだろう。

一方にある野蛮な慣習や迷信と、もう一方にある科学的な知に基礎づけられた実践とのあいだにわれわれがつい設定してしまう差異も、決して明確ではない。人間の身体からの抽出物の各種使用法は古代の薬局方[1]に照らせば科学的だが、われわれにとってはただの迷信である。近代医学でさえ、少し前まで効果的と思われた治療を何年間か実践した後、有害とは言わないまでも効果が薄いことが判明してそれを禁止することがある。人々が好き勝手に想像するほどその境界線は明確ではないのである。

しかし、カニバリズムの実践を醜悪な畸形であり人間の本性からは思いもよらない錯誤だとみなす世論は相変わらずで、これと同じ偏見の犠牲となって、かつてカニバリズムが存在したことさえ認めようとしない論者もそれなりにいる。こうした人々は、カニバリズムを探検家や民族学者の作り話だとする。一九世紀、二〇世紀を通して世界中で無数の記録を生み出してきた探検家や民族学者といえども、カニバリズムの現場を直接に観察したことは一度たりともなかったというのである（争点は慣習や制度としてのカニバリズムの存在であるから、飢えで瀕死の人々がすでに死んだ自分の仲間を食べることに追い込まれたという例外的事例は除外している）。

事情に明るくない読者にはたいへん受けがよかった、才気はあるが深みには欠けるある書物[¶2]（『人喰いの神話――人類学とカニバリズム』）で著者のW・アレンズがとりわけ噛みついたのは、クールーをめぐって一般に受け入れられた見解だった。アレンズが主張するように（原書p.111-112）、カニバリズムの物語が調査者と原住民の情報提供者との暗黙の合意によって生じた作り話だとすれば、ニューギニアのクールーの原因がカニバリズムにあると考える理由がなくなり、したがって、ヨーロッパのクロイツフェルト＝ヤコブ病の感染経路をカニバリズムに求める理由もなくなる。ただし、それは誰の支持も得られない異様な仮説である。われわれが目の当たりにしているのは、議論の余地のないクロイツフェルト＝ヤコブ病の実在のために、その証拠が提出されずにきたクールーのカニバリズム原因説が一段と真実味を増しているという事態なのである。

＊

信頼に足る民族学者には誰ひとりカニバリズムの実在に異議を唱える者はいないが、その一方で誰もがカニバリズムを食べるために敵を殺すというこの上なく粗暴な形態であると単純に決めつけられないこともわきまえている。こうした慣習はかつて確かに存在したし、例えばブラジルでは——この事例を挙げるに留めておくが——昔の数人の探検家や、数年にわたってインディアンに混じって生活し現地語も話せた一六世紀のポルトガル人イエズス会士たちが、そ

¶1 薬局方……重要な医薬品の性状、品質、製法その他の基準を定める公定書
¶2 ある書物……W. Arens, *The Man-Eating Myth*, Oxford University Press, 1979. 邦訳は折島正司訳、岩波書店、一九八二。後の引用 p. 111-112 は邦訳一三一〜一三四頁

の慣習のたいへん説得力ある証人だった。

このような外向き《エクソ》のカニバリズムのかたわらには、新鮮な状態、腐った状態、ミイラ化した状態の死亡した親族の肉を、ときには生のまま、もしくは調理したり黒焦げにしたりして、大量もしくはごくわずかの量だけ食べることからなる内向き《エンド》のカニバリズムの席も用意しておく必要がある。ブラジルとベネズエラの国境地域に暮らす先住民で、その領土に侵入した黄金探索者による略奪の不運な犠牲者となってしまったことが知られるヤノマミの人々は、あらかじめ粉に挽いておいた親族の死者の骨を現在でも食べている。

カニバリズムは、（窮乏時に、もしくは人肉への嗜好のために）食糧的でも、（犯罪者の懲罰もしくは敵への報復として）政治的でも、（故人の美徳に同化するため、あるいは逆に、その魂を遠ざけるために）魔術的でも、（死者を祀ったり、円熟を祝ったり、あるいは農耕の豊穣を保証するための、宗教的崇拝ないしは祭礼に属するなら）儀礼的でもありえる。そして、カニバリズムは治療法にもなりえる。古代医学の数多くの処方だけでなく、かなり最近のヨーロッパにさえその証拠は見つかる。わたしが論じてきた脳下垂体の注入や脳物質の移植に加え、現在ではごく当たり前の行為になっている臓器移植などが最後に挙げた範疇に属するものだということに、もはや議論の余地はないだろう。

したがって、カニバリズムの様態はかなり変化に富んでおり、しかも現実的な機能あるいは想定される機能もあまりに多岐にわたるため、カニバリズムの概念を日頃使っているような形でどうにか正確に定義できるかさえ疑わしく思えるほどである。カニバリズムは、把握しようとすれば、たちまち雲散霧消して、散漫なものになってしまう。それ自体は客観的現実ではない。それはカニバリズムを禁じる社会にとってのみ存在する自文化中心的《エスノセントリック》な範疇である。生命の一体性を信じる仏教にとっては、あらゆる肉がその出所を問わずカニバリズム的食物となる。逆に、アフリカやメラネシアには、人肉を自分たちにとって最高のものとまでは言わないが、それだけは《名のついた》食糧であり、少なくとも他の肉と同様にもっとも敬うべきものであると考えた人々もいた。

現在もしくは過去におけるカニバリズムの存在を認めようとしない論者たちは、野蛮と文明のあいだによりいっそう深い溝を穿つためにその概念が発明されたのだと言い張る。どうやら、自らに良心があると思い、その優位性を信じ込みたいがために、われわれは正視しがたい慣習や信仰を野蛮のせいにする間違いを犯したということらしい。

このような性向を転倒させて、カニバリズムという事象をそのすべての広がりにおいて理解するように試みてみよう。時代や場所に応じてカニバリズムの様態や目的は途方もなく多様ではあるが、鍵となるのはいつでも、他人の肉体に由来する一部分ないしは肝要部分を自発的に導き入れるということである。このように悪魔祓いを済ませると、カニバリズムの概念はかなりありふれたものでしかなくなる。ジャン＝ジャック・ルソーは、他者と同一化するようにわれわれを駆り立てる感情が社会生活の起源にあるとみなした。他者を自分と同一化するいちばん単純な手段は、何をおいてもまず、他者を食べてしまうことである。

結局のところ、かつての探検家たちがたとえ、惻隠の情からか、遠く離れた土地でいともたやすくカニバリズムに屈服したとしても、この現象全体を見渡せる一般形態に照らしてみると、それはカニバリズムの概念やその直接、間接の適用があらゆる社会に見られる事象だからなのである。メラネシアの習慣とわれわれに固有の慣行のあいだでわたしが跡づけた並行性が示しているように、われわれのもとにもカニバリズムが存在すると言えないこともないのである。

原註

［1］ ここで示したヤード・ポンド法の平方マイルの面積は、二五八万九九八八・一一平方メートルに相当する。

161

一九九四年六月二一日

オーギュスト・コントとイタリア

*

Auguste Comte et l'Italie

L'italia è meglio disunita

21 / 6 / 1994

実証主義の創始者であるコントは、新宗教の創設を科学哲学よりも重視するようになるにしたがって、自らの体系のなかでイタリアが占める場をしだいに大きくしていった。なるほど、進歩に命令を下して規律に服させられるのは宗教的観念だけであり、コントの構想にそれが不在だったことは一度もなかった。彼は当初、プロテスタンティズムと自由な批判精神とが合理主義思想の発展を促してきたゲルマン系諸国民をフランスに次ぐ地位につけて、自らの教会を組織することを思い描いていた。〔コントが晩年に提唱した新宗教である〕人類教の大司教座はパリに置かれ、八人のフランス人、七人のイングランド人、六人のドイツ人、五人のイタリア人、四人のスペイン人で構成されることになっていた。イタリア人五人はピエモンテ、ロンバルディア、トスカーナ、〔教皇が統治する〕ローマ国家、ナポリ国をそれぞれ代表する[¶1]はずだった。

先立つ数ヶ月で書き上げて〔コントは書き上げた著作をすぐ刊行する。長らく熟考した末に一気呵成に執筆するが推敲はしない〕一八五一年に刊行された『実証政治学体系』の第一巻でコントはこの計画を想起している。それはカヴール[¶2]の権力掌握前夜のことである。ところが、その直後に別の計画を告知している。一八五四年に刊行された最終巻の第四巻でコントは、プロテスタンティズムは啓蒙哲学の誕生を助けたが、〔実証的段階の前段階である〕形而上学的思考の段階で動きを止めてしまったと説いた。しかも、プロテスタンティズムはその本質からして政治秩序に精神的権力を生み出すことができず、イングランドの国教会やドイツのプロテスタント諸国家に見られるように、宗教を世俗権力の支配下に置いてしまったというのである。

ところで、コントにすれば、精神的権力と世俗的権力という二つの権力の分離が中世カトリシズム最大の達成であり、人類教はその達成の復権を第一の課題とするはずだった。プロテスタンティズムの影響が小さく、しかも「中世のすぐれた道徳文化」を最良の形でとどめている西欧諸民族は、その点からして、世俗的には互いに独立しながら「それでも、自由に合意して結集《アグレガシオン》することで精神的に結ばれている」諸国民という理念を再建するのにもっとも適するはずなのである。

西欧の歴史的進化において、ドイツやイングランドが足踏みすることになったプロテスタントの否定主義《ネガティヴィスム》の段階、あるいはフランスでその代役を務めたヴォルテール流の理神論《デイスム》¶3の段階は、決して不可避のものではなかった。フランスがカルヴァン主義を乗り越えたように、イタリアもスペインでさえも、それをたやすく乗り越えられるはずである。これら南の国々は表面上の停滞を代償にカトリシズムから実証主義へといきなり移行することになるだろう。なぜなら、神学的精神にも啓示への信仰にもとらわれることのない人類教は、普遍性への使命というその名の語源学的な意味からして、新たなカトリシズムとなるはずだからである。

¶1 それぞれ代表する……コントの生きた一八世紀前半のイタリアは上記諸国を主要勢力として小国が割拠し、統一運動のさなかにあった

¶2 カヴール……一八一〇～一八六一。サルディニア王国の政治家。外交によりイタリア王国中心のイタリア統一をなしとげ、同国初代首相となる

¶3 理神論……神を天地創造の主体として認める一方、道徳を課す人格神側面を認めないとする立場

そうであるならば諸国間の上席権の順序は変化する。フランスは中心的民族にとどまるが、イタリアが第二席となって次にスペインが続き、その後にイギリス、そして最後にドイツが来ることになる。人類教の最高位聖職者を取り囲むのは、各国を代表する一人ずつの国民の長に加えて、「西欧の植民地拡張」に対応した〔当初は予定されていなかった〕三人である。

イタリアがスペインより優位に立つべきなのは、主として、政治的集権化をなしえなかったことによる軍事的劣位のために、イタリアは植民地化に手を染めずにすんだからである。「圧制を強いられたこともあったイタリアの人々は決して圧制者にはならなかった」一方で、イベリア半島〔スペイン・ポルトガル〕の人々は過去の植民地支配に由来する抑圧的傾向をいまもとどめているため、そのことが西欧世界の調和を乱すことになりかねないとコントは恐れるのである。

逆に、政治的集権化の欠如はイタリア総体にとってきわめて有利に働く。この一九世紀半ばにあって、勃興著しい国民的一体性への熱望は教養人——現在のわれわれなら知識人と言うだろうが——に限られたもので、民衆に根差したものではないと確信するとコントは言う。〔神聖ローマ帝国以来イタリアを支配下に置いてきた〕オーストリアのくびきから実証主義がイタリアを解放しても、いったん解放された暁には、〔後のファシスト運動がローマ帝国の後継者を自認したように〕「古代における自らの支配をいつも懐かしみ、その普遍的再興さえ絶えず夢みる民衆の精神的導き手」に実証主義が耳を貸すことはない。自らがフランスで経験した大革命のナショナリズム的高揚がナポレオンの独裁を生みだしたのと同様、国民感情の昂ぶりがイタリアやスペインの将来にどのような帰結をもたらすかを、コントはいまから一世紀以上も前に予見していたのである。

　イタリアにおいては、国民的一体性は、現在この国で世の注目を集めて繰り広げられている紛い物の結集、¶4 すなわち「とりわけ、その複数の名、何よりも北部の五つの相容れない国家をまとめた雑然としたグループがその不均質すぎる性質を表してしまっている国民的一体性」よりも、いっそう質《たち》の悪い反動的熱望であるかもしれない（コントのこの述懐が書かれたのが一八五〇年であることを忘れてはならない）。

*

　なるほど、コントは国家《エタ》に心底敵意を抱いている。国家を好戦的な旧体制《アンシャン・レジーム》の所産とみなす

¶4　紛い物の結集……地域主義色の濃い右派政党である北部同盟のイタリア地方議会、国会両院での躍進から一九九四年五月の第一次ベルルスコーニ内閣成立に至る経緯を指すと思われる

コントは、実証科学の到来までは、その旧体制が「説明不可能であると同時に抗いがたくも思われたある世界を征服する企てをなしえず、その世界ではとりわけ、部分的な結社《アソシアシオン》それぞれが他を服従させようと互いに精力を傾けてきた」という。

その新宗教では、この家族と人類とのあいだに、父祖の地《パトリ》とでも呼べそうな中間団体を介在させなければならないだろう。コントはそれを、国家ほどは広範囲に及ばず、主要都市のまわりの農村の住民たちが自発的に集まる、地方ごとの多様性の尊重に基礎を置いた自由で持続的な連合体として思い描いた。他の地域よりすぐれてイタリアが、中世にはごく当り前だったこうした状況の名残りをとどめてきたのである。

その他の国々にとってはフランスが格好の実例となる。フランスは自ら分割を貫徹して一七の小さな共和国に分裂するはずである。こうした共和国は西ヨーロッパで七〇、地球全体では五百を数え、それぞれは、規模で言えばトスカーナやシチリア、サルディーニャと同程度の大きさになるだろう。コントはここで予言者然とふるまっているのだろうか。現在、マイノリティの権利要求の突き上げや地方の個別自治路線《パルティキュラリスム》[5]の亢進がヨーロッパでも世界の他の地域でもあちこちで見られ、いくつかの事例ではすでに国家分裂にまで事態が及んでいる。[6]

まさに一八五〇年前後のイタリアも政治的に腐敗した体制下で生きながらえていたために、

人間社会の常態にひときわ近づいている。政治的な扇動より知的で道徳的な飛躍を優先することに同意するという条件のもとで初めて、イタリアは北方諸民族よりもすぐれて、カトリシズムから実証主義へと直接歩みを進め、中世社会を特徴づけていたあらゆる条件を充たすことができるだろう。

ところで、この条件は主に道徳的なものだっただけに、理性よりも感情に属するとコントは論を続ける。そして、情的かつ道徳的な地平でこそイタリアの天性はその卓越性を発揮する。その天性がいつも芸術を科学より上位に置くことをコントはほめ讃える。正真正銘の崇拝を捧げた人物について、倦《う》むことなく《比類なきダンテ》と呼び続けたコントだが、おそらくその一端は私的な理由によるものだろう。それは〔晩年のコントが魅せられ求婚し続けた一七歳年下の才女〕ク

¶5 個別自治路線……国家や連邦内で、地方の独自性とくに文化的伝統を保持したいとする住民の政治的態度

¶6 国家分裂にまで……本章の書かれた一九九三年にはチェコとスロバキアの連邦解消いわゆる「ビロード離婚」や、エリトリアのエチオピアからの分離独立承認・国連加盟があり、一連のユーゴスラビア紛争も深刻化していた。クロアチア、ボスニアでの紛争激化は、翌九四年にNATO軍によるボスニア空爆を招く

ロチルド・ド・ヴォーに捧げたプラトニックな愛であり、その夭折《ようせつ》後に、コントが実証主義の宗教の聖母に仕立てた彼女は、ダンテの愛したベアトリーチェ、ペトラルカの愛したラウラの数世紀を隔てた再現であり、「女たちを通じてこそ、実証主義がイタリアやスペインに浸透すべき」なのである。

コントは一八五三年に、七年このかた（つまり、クロチルドの没した一八四六年から）、毎晩ダンテの詩編を読んでいたと書いている。人類教の主教座はフランスに置かれるので、聖遺物を国有財産として所有することを他の国家は放棄すべきである。「普遍的宗教の主座でこそ讃えられるべき」ダンテの廟所はラヴェンナの手ですでにフィレンツェから奪われていた[17]とはいえ、ゆくゆくはパリに移されるだろう。

実証主義の宗教が地球全体に広がりうるには、民衆によってつくりあげられ定礎されるべき共通言語をそなえていなければならない。それは人工言語ではなく既存言語で、満場一致による承認の対象となるであろう。詩や音楽で涵養《かんよう》されている点で他を凌《しの》ぎ、もっとも平和で美学的な人々によって形成され、いかなる植民地化にも染まっていない唯一の言語であるイタリア語をおいて他に、その要請に応えることができる言語があるだろうか。

したがって、実証主義は「もっとも音楽的なものの主宰のもとで」、五つの言語——フランス語、英語、ドイツ語、スペイン語、イタリア語の融合を果たすことになる。ダンテやアリオスト[¶8]の言葉は、人類教の礼拝の必要に応じてまず聖別され、さらに普遍言語となるだろう。つまり、コントが自身の目的を達していたなら、人々は現在、国際会議で英米語ではなく、イタリア語を耳にしていたはずである。

イタリアは、その言語によって新たな世界秩序に貢献を果たす。人類教の具体的礼拝に対して、美的な仕上げを提供できるのもイタリアだけである。「ダンテの比類なき作品がその端緒をなしたように」、西欧の革命の行く末を言祝《ことほ》ぐ偉大な詩、叙事詩を書き上げるのは、先んじて実証主義へと宗旨替えした、天賦の才に恵まれたイタリア人の役目となる。

コントは、この『人類教』という詩を自分では書けないと打ち明けながら、自らが青春期に被った《頭脳の危機》に着想を得るべきだとしている。それによって、ダンテの作品に対する決定的な進歩も果たされるだろう。ダンテの作品は、いくつもの界をめぐる単なる散策であ

¶7 ダンテの廟所……ダンテは政争で故郷フィレンツェを追放された後、『神曲』を完成させたラヴェンナに葬られた

¶8 アリオスト……一四七四〜一五三三。イタリアの詩人

り、静的な性格を呈する。つまり、それはある〈ヴィジョン〉を表出したものである。逆に、コントはひとつの〈生きられた経験〉の素材を示すことになろう。コントは錯乱に陥っているあいだ、人類が歴史のなかで踏破した歩みを逆方向にたどり、実証的段階から形而上学、続いて多神教、ついには物神崇拝段階へと遡行した。三ヶ月も続いたこの下降の後、コントは五ヶ月掛けてその斜面を徐々に登っていった。このような動的な対立が、詩の構造を指示することになる。それは一三曲からなり、序曲が頭脳の統合を理想化した後、それに続く三曲は「たどり着くことのかなわない完全なる調和をつねに熱望する」精神が歩む、相対的なものから絶対的なものへの下降に捧げられる。次の八曲で示されることになるのは、実証的統合に向かって少しずつ上昇する心臓《クール》と精神《エスプリ》であり、第一三曲はふたたび平常に復した実存《エグジスタンス》・生活の理想を歌い上げる。

イタリア的天性はこの作品を通じて、精神的であると同時に社会的である使命を果たし、実証主義の宗教の手でその天性の哲学的である以上に詩的な性格が浮き彫りにされる。つまりそれは「あらゆる民のうちでもっとも美的な民」が実現の任を果たすべき綜合である。

*

イタリアとその芸術や言語に与えられたこの抜きんでた地位は、コントの思考のもっとも意義深い面のひとつに光を投げかける。彼は、神学的段階から形而上学的段階をへて、最後に実証的段階へと順次たどられる三段階で進歩を構想した。ところが、その考えでは、それぞれの段階が先行する段階を廃棄することはない。その各段階、とりわけ最後の段階は、まさに決定的な飛躍をなしとげながらも、先立つ状態が内包した豊かさを回収して引き受けるのである。

イタリアそして少し劣るがスペインも古い時代の特徴をとどめているがゆえに、実証主義的段階が自らの手では生み出しえないだろう感情的な豊かさをこの段階にもたらす。コントはさらに先に進んで、ひとたび科学があらゆる神人同形説《アンスロポモルフィスム》・擬人的世界観から解放されてしまえば、人間の思考の端緒にあった詩的・美的な源泉はもはや科学を脅かすことなく、集団的信仰と実践のなかに再統合されるはずだと断言する。

実証的段階に到達すると、黎明の時代である物神崇拝（現在のわれわれならそれを未開心性と言うだろうが）に人類が背を向けることもない。逆に、ダンテが自らの作品のなかで、異教の遺産である占星術での感応力の源とキリスト教での唯一最高神の摂理という天空を表象する二つの歴史上の方法を対立させず、むしろ調和させたのとちょうど同じように、人類も物神崇拝に何らかの地位を回復させることになるだろう。

最後の著作『主観的綜合』は、生前に書き上げて公刊できたのは第一巻だけだったが、コントはそこでもなおダンテのことを考えていた。自らの思考のこの最終状態において、コントは素数に象徴的価値を与えるある具象的な算術に着想を得て、哲学的著作と詩作品に同時に適用される諸規則について、「詩節あるいは群が今後は七行になるなら、八行詩体の統一性と三行詩体の連続性を、韻の交叉と節の連鎖を用いて結びつけることで、その構造や連なりはイタリア叙事詩に固有のふたつの流儀を結合したものになるだろう。ある詩節の最初の行はつねに、先行する詩節の最終行（むしろ、最後から二番目の行だろうが）と韻を踏み、その最終的な音の響きも他のふたつと同様に三重化される」と述べる。

実際、一八五四年にコントはいったん詩篇『人類教』が自分の手では作れないと悟って、その素材を天賦の才あるイタリアの新しいダンテに提供することを望んだのだが、その二年後[9]には、自らの哲学的思考に詩の形態を与えることや、このふたつのジャンルを融合させることが可能だと信じた。八百ページにも及ぶ『主観的綜合』の第一巻は、その詩法《メトリック》の規則に従う途方もなく巨大な詩作品の様相を呈している。各文は最大で二五〇文字にも達する。作品は、七章に分かたれているが、そのそれぞれは三節から構成され、その各節それ自体も七つの文章グループで構成された七段落に分かれる。基本要素としての詩節が文章に置き換わり、「もっとも美学的な民」が実践していたのと同じ、詩歌の詩節への分割にまたしても出会うことになる。ここでもなお参照先はダンテである。

コントは押韻に相当するものとして、信じがたいほどに錯綜した（同位置に強勢があり子音が異なる単語間の同じ母音が韻を踏む）母音韻《アソナンス》を働かせることを創案する。各パラグラフには、西欧の五言語のいずれかから、さらにはラテン語やときにはギリシャ語にまで材をとった言葉が題銘とも言えそうな具合に配されており、その語の字の綴りも順番に、各文冒頭の（それ自体も別の言葉を題銘に持つ）頭文字になっている。作品全体はこのように、紋章としての言葉、頭文字、音韻上の照応の組み合わせに基づいており、まるで——コントもそうなぞらえたように——ルネサンスの詩人たちのもとで流行した単一の、二重の、三重の、四重の、さらに五重のときもあるアクロスティーシュ[¶10]のような趣きがある。

ところが、コントが見落としてしまったように思われるのは、数万行、数十万語からなる八

¶9　二年後……原文は「一二年後」だがコントの没年は一八五七年で整合しないため、誤植と考えて訂正した

¶10　アクロスティーシュ……折句の一種で行頭の文字を縦に読ませる技法

百ページまで膨らんだこの手法が味わいをまったく失ってしまっていることである。その内容と形態のあいだには、いかなるつながりも認められない。より正確に言うなら、哲学的著作の内容は抽象的理念からなるにもかかわらず、ここではすべてが形式に還元されている。自らの構築物を美的に享受できるのはその道に通じたエリートに限られるとコントが留保をつけたとき、そのことが漠然と意識されてはいた。「したがって、完全な実証主義者たち以外、つまりは、進歩のための愛と秩序を結合しながら、この構築物の神聖な書式の普遍的で永続的な利用を提案する相手である修道士たち以外の者がこの構築物を直接感じ取ったなら、わたしは驚かされることだろう」とコントは述べている。

この意味で、しばしば予言者だったコントも今回ばかりは自分の意に反して、現代芸術作家のもとでよく見られるようになったある幻想を先取りして示したということができる。詩や絵画、そしてとりわけ音楽が問題になるとき、この幻想はこう信じ込ませる。美的感動を引き起こさせる作品はいずれも何らかの構造を持つ。それゆえ、美的感動を生じさせるには、何かの構造を創案し、それを作動させれば十分だというのである。コントの創意工夫《アンジェニオシテ》の才は驚嘆に値するが、感性が出発点でなければ、知性の創造物は美的感動を生み出すことはない。

コントがイタリアやダンテに注ぐ賛美に留保がなかったわけではない。ダンテの芸術やその後に続くルネサンス画家たちの芸術は、封建制の秩序と中世カトリシズムの偉大さを形づくった普遍性への野望がすでに終焉を迎えようとしていた時代に産み落とされるという不幸に見舞われていた。「その衰退を感じとって、いかなる偉大な美的感銘にも欠かせない心底からの確信を詩人にも聴衆にも抱けなくしてしまった信仰や習慣を、芸術が理想化しなければならなかったのはそのためだった」とコントは言う。

そして「ダンテの比類なき作品を性格づけるのは、矛盾するふたつの衝動の例外的な符合である。理想化ができるようになる前にすべてが変貌し、歪みさえしてしまったこのような反・美的状況が芸術に強いたのは、古い型の記憶のなかに、芸術のそばには見られない固定的で輪郭の明瞭な習慣を探しながら、造りものの活路を切り開くことだった」と続ける。

端緒におけるイタリア・ルネサンス精神にこのような判断を下すコントは、いつものように、説得力のある分析家、偉大な歴史哲学者としての顔を見せる。ただ、彼はいかなる芸術教育も受けてはいなかった。そのことがおそらくは、この時代に生み出された作品の豊かさや過剰さを前にして彼が戸惑いの感情を抱いたことを説明する。彼がそこに見て取ったのは、ある種の病理的現象、すなわち、矛盾を乗り越えようとする空しい試みの結果である。「讃嘆すべきイタリア文化はこれまで自らの真の目的地を見出せなかったがために、しばしば過剰とみなされてきた」とコントは述べる。

　しかしながら、イタリアを実証主義に改宗させ、そうしてイタリアの芸術に「自らの真の目的地」を授けたとしても、死を間際にしたコントが、自らの詩的能力であると考えたものを発揮するのに用いたシャラード[¶11]や題韻、頭韻のような奇妙な装置以上の何かをイタリアに提案できたかどうかは疑わしい。この幻想は奇妙なことに、コントを、自身の天賦の才に課された使命のひとつはその遺産をまとめて永続させることだと自負したダンテの堂々たる継承者とするよりもむしろ、自身の生きた一九世紀の末に開花し、われわれの生きる二〇世紀まで続いた突飛な前衛芸術《アヴァンギャルド》の先駆者にした。しかし、そのイタリアもまた、未来派[¶12]を生んだのではなかったか。

¶11　シャラード……各構成音節に一つずつヒントを出していく言葉当て遊び

¶12　未来派……一九一〇～一九二〇年代に起こったイタリアの政治・社会変革に対応し、旧弊を破って新しい未来社会の機械と速度のダイナミズムを礼賛する前衛芸術運動。絵画、彫刻に限らず演劇、建築、音楽、写真、デザイン、映画など他分野に波及した

一九九四年一二月二九日

プッサンの一絵画の主題をめぐる変奏

*

Variations sur le thème d'un tableau de Poussin

Due miti e un incesto

29 / 12 / 1994

同時代の人々から《哲学的画家》と称されたプッサン[¶1]、その生誕四百年を祝って一月二日までパリで開催される記念展は、彼の絵画《タブロー》がいまなお十分に考察の糧となることを納得させるものである。

¶1　プッサン……一五九四〜一六五五。古典主義を確立し近世フランス絵画の父とされる

その実例として、古代の神話を説明した作品であり、ある詩的で象徴的な重みからいまなおわれわれにとって存在感を失うことのない「エコーとナルキッソス」あるいは「ナルキッソスの死」の名で呼ばれる絵画を取り上げることにしたい。そもそも《自己陶酔的《ナルシック》》《自己偏愛症《ナルシシスム》》という言葉さえ、いまでは日常用語に定着していないだろうか。

まず注意をひくのは、絵画の構図《コンポジション》である。すべての線分が違う方向に発散《ディヴェルジュ》する。ナルキッソスの両脚は右に向かって開かれ、両手はそれぞれ反対方向を向いている。あと二人の登場人物、ニンフ[¶2]であるエコーと葬礼のたいまつを持つプット[¶3]が、それぞれ互いに反対の方向に身を傾けている。この垂直軸に対する発散《ディヴェルジャンス》は絵画の上方を占める木の枝でも繰り返される。このような多方向に向かう各線分は、やがて遠くで消えるまで元となった呼び声や叫び声から次第に遠ざかってゆくこだま《エコー》という音響現象を視覚的手段で思い起こさせる。もろもろの感覚与件のあいだに暗示されるこのような照応《コレスポンダンス》は、比較的有名なボードレールの十四行詩《ソネ》のひとつ[¶4]と同じく、メランコリーやノスタルジックな悲しさを絵画に刻み込み、一貫した色調がそれらをさらに際立たせる。

リトレの『フランス語大辞典』は「こだま Echo」の項目のもとに古今の文筆家からの引用を集めている。一ダースほどもあるそのどれにもノスタルジアや甘美さが息づく。これらの引用がこだまにみとめる美点は、反復によって、もはや失われた話し声や歌の愛おしい記憶にふたたび生気が吹き込まれる点である。プッサンと同じく一七世紀を生きたフュルチエール¶5は自らの辞書で一例を挙げるにとどめているが、「不幸な恋人たちはこだまにのせてその嘆きをうたおうとする」というその用例もやはり教えるところが多い。こだまという言葉の技法上での用い方にはこのようなニュアンスが保たれている。音楽では、エコーの技法は穏やかになっていく繰り返しと定義される。「パイプオルガンのエコーは大いに心地よい」とフュルチエールは言う。詩では、反響韻《エコー》は凝った効果を生み出すのに利用される。

しかし、西洋思想がこだまにみとめる――フランス以外でも数多くの事例が見つかるのだから――こうした肯定的な価値は普遍的なものではない。その証拠としてわたしはこれから、南北両アメリカのインディアンが神話のなかでこだまに割りあてている否定的な価値を示すこと

¶2 ニンフ……ギリシア神話に登場する山、川、泉など自然界の特定の場所の精
¶3 プット……ルネサンス美術で好まれたキューピッド風の幼児像
¶4 ボードレールの十四行詩……詩集『悪の華』に収められた「照応」
¶5 フュルチエール……一六一九～一六八八。フランスの風刺作家。術語・専門語を積極的に取り入れた豊かな語彙を誇り、語義説明でもすぐれた通称『フュルチエールの辞書』を編纂

にしよう。こだまは、執拗に質問を鸚鵡《おうむ》返しにして尋ねてきた人々を怒らせる意地悪い悪魔の姿をしている。こだまは、話し相手が怒り出すと散々に殴りつけて不具にしてしまうか、籠何杯分もの人間の腸で相手を縛ってしまう。年老いたこだま婦人に痙攣《けいれん》を引き起こす能力があるとする別の伝承もあるが、これも犠牲者を麻痺させる手段である。

こだまがしばしば人を助けることがあるのも事実である。逃げ出した者がどちらに向かったかを人食い鬼がこだまに尋ねる。こだまはそれに答える代わりに、質問を繰り返して追跡を遅らせる。したがって、こだまは相手が誰であっても、その動きを止めたりペースを鈍らせたりする。西洋におけるように、話しかける者と共犯関係を持ち、話者を動かしている感情に同調するのとは違って、アメリカのこだまの機能はいつでも、障害や足かせになるという点にある。

こうして対立のありかを見て取れる。われわれ西洋人にとって、こだまはノスタルジーを呼び覚ます。アメリカ・インディアンにとって、こだまは誤解の原因となる。返事を待っても、返事ではないものが返ってくるのである。さて、この二項は矛盾する。ノスタルジーは自分自身とのコミュニケーションの過剰である。なぜなら、忘れたほうがよさそうなことを思い出して苦しめられることがノスタルジーだからである。逆に、誤解はコミュニケーション、それも他者が相手であるコミュニケーションの欠如として定義できる。

こうした推論は、ボードレールがあるとき「もしかすると数学的な方法を思い出させる点がよくないかもしれない」[6]と咎められることを恐れた、抽象的で理論的なやり方にみえるかもしれない。ところがそれは、旧世界と新世界のこだまの起源の神話が語ることを忠実に反映しているのである。

ギリシャ人やエスキモー（と自身でも名乗っているが、今後はイヌイットという呼称に従う）は、石に変えられた若い娘としてこだまを擬人化する。ギリシャ神話のあるヴァージョンでは、その娘はナルキッソスへのノスタルジーをとどめておきたいがために、牧神パンの誘いを拒む。ナルキッソスは愛そのものへの拒絶から自分に夢中になったこの娘を退けていた。他方、イヌイット神話では、愛や結婚に対する拒絶の態度を取るのは彼女のほうであり、そのうえ身内からも見捨てられてしまう。断崖の上に身を隠した彼女は後悔して、遠くでカヤックを操って漁をしている様子が見える男たちに向かって結婚の申し出をする。ところが、男たちはそれを真に受けず、取り合わない。ギリシャ神話では目立って見えるノスタルジーが逆転されて、ここでは誤解に変わっている。そして、この逆転が結末まで続いていく。ギリシャ神話では、牧神パンが復讐のために狂気に陥らせた羊飼いたちの手でニンフが手足をバラバラにされるのに対して、イヌイット神話のヒロインは自らバラバラになり、肉体の破片が石に変わる。ギリシャ神話においても石への変化という同じ運命をたどるが、一方では受動的に被る結末が、他方では自発的に生じるのである。

*

しかし、ことはそう単純ではない（神話を比較するとき、単純であることはめったにない）。ナルキッソスの神話ではノスタルジーの主題が前面に押し出されているからといって、誤解の主題がそこに不在だということにはならない。オウィディウス[¶7]の『変身物語』第三巻の「エコーとナルキッソスの物語」[¶8]の語り口に耳を傾けてみよう。ナルキッソスに心底惚れこんだエコー

¶6　「もしかすると〜かもしれない」……「わが同時代人の数人についての省察」における詩人テオドール・ド・バンヴィル評の一節。ボードレール『ボードレール批評3　文芸批評』阿部良雄訳、ちくま学芸文庫、一九九九、二七四頁。訳文は文脈に応じて変更している

¶7　オウィディウス……前四三〜後一七または一八。帝政ローマ時代の詩人で、『変身物語』でギリシャ・ローマ神話の変身譚を集成した

¶8　エコーとナルキッソスの物語……オウィディウス「ナルキッソスとエコー」中村善也訳、『変身物語』岩波文庫、一九八一。一一三〜一二一頁。訳文は邦訳によらず本書原文から訳出した

は森の奥に彼を追う。ところが、ユピテル[9]が浮気なアバンチュールに勤しんでいる最中、エコーが〔時間かせぎに〕おしゃべりで自分を引き留めたとして、ユノに罰を与えられ〔恋の〕主導権を握ることができなくなった。エコーは、ナルキッソスに話しかけることも、彼が話しかけられているときに黙っていることもできず、聞こえた声の最後の言葉をただ繰り返すことしかできなくなったのである。

仲間からはぐれたナルキッソスが心配になって「わたしの近くに誰かいるのか」と呼びかける。エコーは「わたし……」と繰り返す。するとナルキッソスが「来ておくれ」と言い、今度はエコーも同じように呼びかける。誰も現れないことに驚いて「おまえはなぜわたしから逃げるのか」と言うナルキッソスにエコーが言葉を返す。自分の声を再現するこの声に騙されて「一緒になろう」と彼は言葉を続ける。歓びのあまり有頂天になったエコーは「一緒になろう」と返事し、ナルキッソスに駆け寄る。ナルキッソスは彼女を見ながら後ずさりして叫ぶ。「おまえの欲望に身を委ねるくらいなら、わたしは死を望む」。そして、エコーが「おまえの欲望に身を委ね……」と繰り返す。

登場人物たちは誤解のただなかにいるが、アメリカ神話でこだまがその責めを負う誤解とは状況が逆転している。というのは、ギリシャ神話では、登場人物たちが互いの無理解を咎《とが》めるどころか、自分たちが会話をしているものと思いこんでいるからである。エコーはナルキッソスの言葉が自分に差し向けられたものだと信じ、ナルキッソス自身も自分への返事があったと信じている。両者にとって誤解の内容は同じではない。この二人が誤解にある肯定的内容を与えているのに対し、アメリカの神話ではこの内容がつねに否定的である。

それだけではない。誤解という主題はアメリカと同じ否定的内容をおびてギリシャ神話にも存在しているが、その主題はここでは聴覚的な領域から視覚的な領域に移されているからである。ナルキッソスは水面に映った自分の像を他の誰かと取り違え、（それに先立って少年少女らを拒絶していたにもかかわらず）その美しさに惑わされて恋に落ちる。それが自分自身だったと気づいても後の祭だった。誤解は結果的に、自らの不可能な愛を知って絶望した彼を死に追いやる。

死んだナルキッソスの身体からはその名にちなんだ花が生まれたとギリシャ神話が語る（プッサンの絵画では彼の頭のそばにその花が生えている）ことが、ギリシャ神話とアメリカ神話の共通基盤にわれわれが到達したことを示す何よりの証拠である。その花とは、ギリシャ語で

¶9 ユピテル……ローマ神話の最高神。ユノはその妃で、結婚生活を守護する女神

麻痺を意味する〈ナルケー〉に由来する〈ナルキッソス〉、つまり水仙《ナルシス》である。実際、地獄の神々がもっとも愛でたこの花に割りあてられた能力が麻痺だった。ナルキッソスの冠や花飾りにこの花が使われるのも、フリアエ〔メデューサら蛇頭の復讐の三女神のローマ名での総称〕が犠牲者を麻痺させると信じられたからなのである。ナルキッソスを死に誘った視覚による誤解はあえて言うなら、このような迂回をへて、痙攣で苦しませるか腸で縛るかして被害者を麻痺させるアメリカ神話のこだまの悪魔に見られる聴覚による誤解と合流する。

したがって、結婚による交換を麻痺させるインセスト〔近親間の性交〕が西洋神話に登場しても驚く人はいないだろう。なぜなら、こだまがそうであるように、それはいつでも、異種のものがあることが期待される場所に同種のものがいる異様な事態を指しているからである。ナルキッソスの神話のあるヴァージョンの語るところでは、ナルキッソスはその双子の妹〔姉〕と恋に落ちる。彼女が死に、悲嘆に暮れたナルキッソスは水面に映る自分自身に見とれながら、妹の面影を呼び覚まそうとする。ところで、アメリカ神話では、返事をするのではなく質問を繰り返すという点でエコーに似た登場人物にはインセストの欲望があるとされる。このふるまいは非難されるが、それからというもの、インセストが禁じられることになったとその神話は結ばれるのである。

アメリカ神話が聴覚コードを利用することを、ギリシャ神話は視覚コードを利用して表現するのであれば、その逆数〔換位命題〕もやはり真ではないだろうか。ギリシャ人が聴覚の次元でつくりあげた表象に対応する、こだまの視覚的イメージをアメリカに認めることはできないだろうか。カナダの太平洋岸に暮らすインディアン諸族だけが、こだまに造形的な表現を与えてきたように思われる。この人々にとってこだまは超自然の精霊であった。仮面によって与えられるその姿は、人間のような外見と、クマ、オオカミ、カラス、カエル、魚、イソギンチャク、岩などだと言われる、取り替え可能な口のパーツがそなわる。踊り手はベルトに引っ掛けた籠のなかにこれらの小道具を持ち、神話の展開に沿って、こっそりと次々取り替える。

ここでは、こだまはもはや、麻痺や無気力を引き起こす不毛で単調な繰り返しとしては形容されない。百もの口があるこうした仮面たちが想起させるのは、その対極にある、こだまの持つ尽きせぬ可塑性であり、まったく思いもよらなかった響きを複製するという、いつも新鮮なその能力である。ギリシャ神話のいくつかのヴァージョンもまた、二つの側面を対比している。一つは、罪ある者としてのエコーであり、自分が聞いた言葉の最後の部分しか繰り返すことができなくなる。もう一つは、無実のエコーであり、あらゆる音を真似る能力が与えられている。アメリカの仮面が視覚的に例証しているのはこの後者の能力なのである。

神話が、一方の場合には分節言語を、もう一方の場合には音楽を強調している点は、ギリシャ人にとって、神々と意思を通わせる手段として、音楽が話し言葉よりはるかに上位にあっただけに意味深長である。おしゃべりが過ぎたエコーは言語を濫用したとされて、その使用を最小限に切り詰められることになった。逆に、牧神パンはエコーにだけ欲情を抱くのではなく、しかもその音楽の才に嫉妬したからこそ、エコーをバラバラにして、その四肢を岩に変化させた。そのおかげで、その岩からはエコーの歌が響き続けることになったのである。

両アメリカへの回り道を経たことで、神話の共通基盤を掘り起こすことができた。われわれが冒頭、プッサンの構図を支配しているのではないかと感じたあの線分の発散は、この迂路《うろ》をたどって、その全貌をあらわにする。馬鹿ばかしいと同時に、逆説的だが、もっとも驚くべき成功をもたらすこともあるこだまという物理現象に秘められた発散。つまり、こだまがかき立てる好奇心、散策者や旅行者に働きかける魅力はここから生じる。しかも、プッサンの絵画では、ニンフのエコーと超自然からの小さな密使プットを反対方向に傾けさせることで、その発散があからさまに示されている。ニンフが体を預けているのは、単調なグリザイユ[10]によってもはや見分けがつきにくくなり始めた岩の形で表わされた大地である。他方、プットが関心を向けるのは、輝く陽光をこの絵画全体に唯一差し込ませる空である。この対比は、構図と色調という相補的な手法を用いて、ニンフの不毛なノスタルジーとナルキッソスを死に至らしめた誤解というこだまの持つ無能さと全能さを一つのイメージにまとめあげているのである。

¶10 グリザイユ……灰色の濃淡により浮彫をまねる画法

190

女性のセクシュアリティと社会の起源

一九九五年一一月三日

*

La sexualité féminine et l'origine de la société

Quell'intenso profumo di donna

3 / 11 / 1995

一九世紀あるいは二〇世紀初めにもまだ人類学者たちのあいだで流行していたとある理論は、人類の黎明期には家族や社会に関わる諸々の事柄の主導権が女性にあったと主張した。このようないわゆる原始母権制については、数多くの証拠が提出されてきた。まず、先史芸術の彫像は主に女性をかたどったもので、女性の象徴〔女性器〕をかたどった造形もよく見られる。そして、有史時代の初期には地中海沿岸地方にくわえてその北方でも、《地母神》に優位が与えられた。また、今日でも目にすることのできる、いわゆる未開人とされる人々のなかにも、姓や社会的地位を母から子に継承させる人々がいる。さらに、世界のあちこちで採集された数多くの神話にも同じ主題について数多くの変奏が見られる。そうした人類学者たちによれば、古代においては、女性が男性を支配していた。女性が自らの力をそこから引き出してきた聖なる器物——多くの場合は楽器だった——を男性が奪い取るまで男性の従属は続いた。これら超自然界とのコミュニケーション手段を独占する者となることで、男性は支配を決定的なものとして確立したというのである。

神話がさも歴史的真実であるかのように扱われたことで、神話の主な機能は物事がいまこのようにある理由の説明であることが見落とされてきた。まさにこの説明機能こそが、物事がかつては別様であったと想定することを神話に強いている。つまり、神話の推論の進め方は、進化論に夢中になり、世界で観察された諸々の制度や慣習を一直線上に配列しようと工夫を凝らした一九世紀の思想家たちと同じなのである。これらの思想家は、われわれの文明がもっとも複雑でもっとも進化したものだという前提から出発して、いわゆる未開諸民族の諸制度のなかに、人類の始まりに存在したかもしれない制度の像を見て取った。そして、西洋世界が父権によって規定されていたため、野蛮人にはそれと根本的に対立する法があったはずであり、いまなおそれを維持している場合もあると結論づけたのである。

民族誌の観察が進展したことで、しばらくは決定的だと信じられてきた母権制という錯覚に終止符が打たれた。父権的体制と同じように、母権的体制でも権威は男性のものであることが分かってきたのである。唯一違うのは、母権的体制では母の兄弟によって、父権的体制では母の夫によって、その権威が行使されるという点である。

にもかかわらず、フェミニズム運動やアメリカ合衆国で〈ジェンダー・スタディーズ〉と呼ばれているもの——性別の違いに応じて社会生活で割りふられる役割についての研究——の影響のもと、母権制のような着想に基づく仮説が勢いを取り戻している。しかし、それらの仮説が立脚するのは、母権制とはかなり趣きの異なった、しかもきわめて野心的な立論である。自然から文化への決定的飛躍を成し遂げることによって、人類は動物から分かれて人間社会を出現させた。しかし、人類という種が持っている他種と一線を画する諸能力のうちどれがこの飛躍をもたらしたのかを示せなければ、その飛躍はひとつの謎になってしまいかねない。そうした人類特有の能力としてすでに知られているのは、道具製造と分節言語の二つである。さて今度はその三番目の能力が提起されているのだが、それは先に挙げた二つの能力が前提とする知的能力に比べて、有機的生命のさらに深いところに宿るという点ではるかに優位な能力とされる。文化の出現はもはや謎ではなく、生理学に根ざしたものだということらしい。

ある伝統的な（ただし、その重要度が測られたことはなかった）定式によれば、全哺乳類のうち季節を問わず性交可能なのはヒトだけである。ヒトのメスには一回もしくは複数回の発情期というものがない。ヒトのメスは他の動物とは違って、体色の変化や体臭の発散によって発情期、つまり受胎と妊娠の好機をオスに合図することがない。そのため、それ以外の期間に性交を拒むこともない。

自然から文化への移行を可能にし、それを決定づけさえする要因を、われわれはこの重大な差異のなかに見て取るように誘われる。

その説はどのようにして正当化されるだろうか。事情がややこしくなるのは、まさにここからである。なぜなら、証明可能性が一切ないまま、想像力が自由奔放に展開されるからである。

ある論者は、交尾期のメスが他のメスに比べてオスからより多くの動物性食物を獲得しているという野生のチンパンジーの習性に注意を喚起する。人類の場合にもこのことを大胆にあてはめて、狩猟が男性の専従の仕事となったときに、いつでも受け入れるという態度を示す女性が、男性からより多くの獲物の分け前を受け取ることになったと推理する。他人より多く食物を得てより丈夫になり、そのためにより多産になったこれらの女性は、自然淘汰《とうた》において有利であった。おまけに、利点がもうひとつ加わる。排卵を偽ることで、こうした女性は（このような原始時代には、自分の遺伝子をばらまく欲求にひたすら駆り立てられていた）男性に、単純な再生産の活動に要する以上の時間を自分たちに費やすように強いた。進化の過程で生まれてくる子の大きさが増し、発育にもさらに長い時間が掛かるようになるにつれて、ますます有益さを増していく長期にわたる保護を、女性はこのようにして確保したということのようだ。

こうした理論の対極の見方をとる別の論者もいて、発情期を大っぴらに（アメリカ人なら〈宣伝する《アドバタイズ》〉と言うことだろう）しないことで、女性は夫からの監視をより不確実で、さらに手の掛かるものにしたと主張する。夫がつねに最上の生殖相手であるとは限らない。だからこそ、種の利益のために、女性が別の男性による受胎機会を増やせるように仕組まれたのだという。

ここにあるふたつの理論は、ある同一の現象について、一方の場合では一夫一婦制についての手がかり、もう一方の場合ではその不都合の救済策という正反対の解釈を与える。高く評価してよいフランスのとある科学雑誌に（というのも、大西洋を越えて到来する思想はここフランスでも影響力を得ているからなのだが）、わたしはこれらに劣らず空想的な第三の理論を見つけた。

それによると、多様な形態をとりながらも人間社会で事実上、普遍的であることが知られているインセストの禁止の発端には、発情期の喪失があったという。その主張によると、発情期の喪失とその結果生じた自由にいつでも性交できるということが、男性を各自の妻へ過度に引きつけることになった。家庭生活を共有しいちばん誘惑にさらされやすい男性たちに対しては、インセストを禁じて各人の妻にだけ近づけるようにしておかなければ、社会秩序も世帯の安定性も危うかったとするのである。

ごく規模の小さな諸社会でインセストを禁止すると、それがどのように、近親者に限らず日々接する他の全男性とのいわゆる《全面的な性の交易》から、発情期を喪ってさらに欲情をそそるようになった女性を保護することになるのか、この論では説明されていない。とりわけ、この論の支持者たちは、まったく同程度に説得的な（より適切な言い方をするなら、同程度に真実味を欠いた）論法によって、まったく正反対の理論も主張しえたということを意識していないように思われる。

その論の支持者は、発情期の喪失は世帯の平安を脅かすものであり、それを避けるためにインセストの禁止が制度化されなければならなかったと言う。ところが他の論者によると、それとは反対に、社会生活とは相容れないことが明らかになったのは発情期の存在のほうらしい。

人類が社会らしい社会を形成し始めると続いて生じる懸念は、さかりのついた女性がめいめいにあらゆる男性を引き寄せてしまうことである。社会秩序はそれに抵抗できなかったかもしれない。したがって、社会が存在するためには、発情期は喪われねばならなかったのだという。

この後者の理論には、少なくとも、ある魅力的な論拠がある。性的な匂いは完全に姿を消したわけではない。自然なものではなくなることで、性的な匂いは文化的なものになりえた。現代でもその成分が動物由来のもので構成されているために、有機体であるフェロモンと酷似した化学構造をとどめている香水の起源は、このあたりにあるのかもしれない。

この理論がひとつの道を開き、そこにいく人もの研究者が殺到したことで、問題の前提条件はあらためてひっくり返された。発情期の完全な喪失を前面に押し出すどころか、ヒトのメスは他の哺乳類よりも量の多い月経を完全には隠しきれずに、自らが受胎可能な時期を迎えたことが誰の目にも露見してしまうことが今度は重く見られた。男性をめぐる競争のなかで女性はある戦術を思いつく。受胎に適さない期間にあって男性の気を引くことのなかった女性が、血液、あるいは血液に似せた赤の染料で自らを汚すことで男性を欺《あざむ》こうとした。これこそが化粧の始まりだというのである（それに先立って香水が誕生したことはすでに見たとおりである）。

このシナリオでは女性は抜け目なく利口である。他方で、女性にこの類の才能を認めないばかりか、自身の排卵期を知らずにいればいるほど自らの遺伝子の増殖機会が増やせるはずだとして、愚鈍さを利点としてとらえ直す別のシナリオもある。知性にすぐれた女性ほど性交と受胎との関係を理解し、妊娠という厄介事を免れるために発情期間中の性交を避ける術を身につけるだろうが、自然淘汰は彼女たちを差し置いて、より愚鈍な女性を利することになるという。

　このように、理論をつくりだす者たちの気まぐれで、発情期の喪失は時には利点として、時には難点として現れる。発情期を喪ったことで婚姻の結びつきが強固になりえたとする理論がある一方、一夫一婦婚で生じる生物学的リスクをいっときは緩和しうるという理論もある。発情期の喪失が乱婚という社会危機を招くということも、その危機を未然に防ぐということもある。相互破壊的なまでに矛盾する解釈の数々を前にするとめまいを催しそうになる。ところで、事実に対して何でも言えてしまえるのなら、何らかの説明でその事実を根拠づけようとするのは虚しい試みだろう。

　一世紀来、当のアメリカ合衆国で、人類学者たちは自らの研究分野に少しでも慎重さ、確実さ、そして、厳密さを導入しようと力を尽くしてきた。[11] その研究領域がこのような生殖をめぐるロビンソン・クルーソー風の物語であふれ返り（老いた師をすぐに否定したがる大西洋の向こう側でとりわけ顕著だが、イギリスもすでにその影響下にあり、ヨーロッパ全域でもその傾向が案じられる）、呑み込まれるさまを見れば先人たちの悲嘆はいかばかりだろうか。あたかも昨日のことのように論じられているこれらの革命は、それが現実に起きたと仮定するにしても、何百万年とは言わないまでも何十万年かの年月を遡った時代のことである。それほどの遠い過去についてわれわれが言えることはない。だからこそ、発情期の喪失に意味を見出し、われわれの送る社会生活に光を当てる役割をでっち上げるために、われわれのあずかり知らない昔ではあってもその仮定上の影響が現在に投影できないほどには時間の隔たりがない一時代へと、発情期喪失の時期が何食わぬ顔でずらされているのである。

アメリカ合衆国では、それ自体も期間短縮をもくろむある別の理論を追いかける形でこれらの発情期をめぐる理論が展開されてきたことは意味深長である。その理論によると、ホモ・サピエンスにひとつ先立つ人類である（また、何千年紀かのあいだその同時代人でありつづけた）ネアンデルタール人は、喉頭と咽頭の形態から考えて分節言語を持ちえなかったはずだという。したがって、言語の出現はせいぜい約五万年前に始まったにすぎないことになる。

複雑な知的活動に単純な器質的基盤をあてがおうとするこうした虚しい企てのかげには、自然主義と経験主義とに目がくらんだ思考を見て取れる。ある理論を基礎づけることができそうな観察が足りないと——ほぼいつもそうだが——、理論が観察をでっち上げることになる。根拠に乏しい主張に実験データの装いをまとわせるこの傾向は、何世紀も前の時代にわれわれを連れ戻す。なぜなら、黎明期の人類学的考察にはその傾向が顕著に見られたからである。

ネアンデルタール人が咽頭の解剖学的構造からして音素のいくつかが発声できなかったからといって、他の音素まで発声できなかったと疑う必要はない。どのような音素であれ、意味作用に差異を生み出すことには等しく適している。言語の起源は発声器官の形態に縛られることはない。その探究は脳神経学の領分である。

さて、ホモ・サピエンスが出現した数十万年前よりずっと以前のはるかな昔から言語がすでに存在しえたことを、脳神経学が明らかにしている。われわれのはるか遠い祖先であるホモ・ハビリス¶2の化石頭蓋骨内部の石膏《せっこう》型は、左脳の前頭葉にあってブロカ野《や》と呼ばれる言語中枢が、二百万年以上前にはすでに形成されていたことを示している。ホモ・ハビリスは与えられ

¶1　力を尽くしてきた……精密な民族誌調査に立脚し、言語学や考古学など隣接領域も取り込んで米国の文化人類学を定礎したボアズやクローバー以来の学問的姿勢を指すと思われる

¶2　ホモ・ハビリス……前期更新世の初期ホモ属の一種で猿人と原人の中間に位置する。一九〇万〜一八〇万年前には確実に存在し、二四〇〇万年前という報告もある

た名〔「器用なヒト」の意〕からしてそのことが強調されているように、初歩的ではあるが形状の規格化された道具を製作していた。この観点からすると、右手に命令を送る脳の中枢がブロカ野と隣接していること、そして、その二つの中枢が協調しながら発達したことは、気に留めておくべき問題である。ホモ・ハビリスが言葉を話していたと断言できる根拠は何ひとつないが、言葉を話すための初歩的能力は持っていたのである。

反対に、一ダース以上の連続した作業工程を要し、対称形になるよう十分に計算された石器を五〇万年前には製作していたわれわれの直接の祖先、ホモ・エレクトゥスが言語を持っていたことには疑いの余地がない。こうした複雑な技法が教育の対象になることもなく世代を超えて伝えられたとは想像しがたい。

以上のすべての考察から、概念的思考と分節言語の出現、ということは社会生活の出現も、愚かさと紙一重の無邪気さを示さずには仮説をあれこれひねり出すこともままならないはるか古い時代へと引き戻される。人類進化の理解のために本当に関心を持つべきことは子宮や喉頭ではなく脳で生じたというだけのことだが、それでも発情期の喪失が文化の起源だと言い張りたいなら、その生理について判然としないホモ・エレクトゥスや、ホモ・ハビリスという種にさえ、おそらくすでに喪失が生じていたと認めなければならない。

したがって、発情期というちょっとした仕掛けの誘惑に身を委ねてしまう人々に対しては、発情期の喪失を言語の出現に直接関係づけるのが、結局のところもっとも馬鹿ばかしくない仮説だと示唆できるだろう。たとえ遠回しの言い方を選ぶにしても女性が言葉で合図することができるようになれば、以前はそれで自分の気分を相手に理解させてきた生理学的手段はもはや必要とされなくなる。当初の機能が喪われて無用になったこの古い手段は、膨張し、湿り気をおび、赤らみ、匂いを発散させる邪魔な器官ともども、少しずつ退縮していったのではなかろうか。文化が自然に形を与えたのであって、その逆ではないのである。

¶3
ホモ・エレクトゥス……「直立するヒト」の意。更新世の原人の一種で北京原人やジャワ原人などを包括するが、ヨーロッパ出土の同様の化石も含めるかは議論がある

202

狂牛病の教訓

一九九六年一一月二四日

＊

La leçon de sagesse des vaches folles

La mucca è pazza e un po'cannibale

24 / 11 / 1996

アメリカ・インディアンをはじめ長らく文字を用いずに暮らしてきたほとんどの人々にとって、神話の時代とは、人間と動物に区別がまったくなく互いが意思を通わせ合えた時代のことをいう。人間が共通言語を失ってお互いを理解し合わなくなったバベルの塔をもって歴史時代が始まったとすることは、このような人々にとって、物事をあまりにも狭くとらえた見方だと映ることだろう。彼らにしてみれば、原初の調和の終わりはもっと広大な舞台で生じていた。

その終わりは、人間に限らずあらゆる生き物に降りかかったのである。

われわれはいまなお、あらゆる生命形態のあいだにあった原初の連帯を漠然とではあるが意識し続けていると言えるかもしれない。われわれは子を授かった直後に、あるいはあまり間をおかずに、その子の心にこうした連続性の感情を刷り込むことほど急を要することはないと感じる。すぐ後にはもう過去のものになったと悟らされるその一体感へのノスタルジーを、ごく幼い時期から子に抱かせておかねばならないとでもいうかのように、われわれはゴムやパイル地でできた見せかけの動物でまわりを取り囲んだり、最初に与える絵本を眼の前に置いたりして、本物に出会う前からクマ、ゾウ、ウマ、ロバ、イヌ、ネコ、ニワトリ、ハツカネズミ、ウサギなどの動物を見せるのである。

自らの身を養うために生き物を殺すことは人間に哲学的問題を課し、あらゆる社会がその解決を試みてきたということは何ら驚くことではない。旧約聖書はこれを堕落の間接的な帰結とした。アダムとイヴはエデンの園で木の実と穀物を食べて暮らしていた（『創世記』第一章二九節[1]）。人間はノア以降に初めて肉食するようになった（『創世記』第九章三節[2]）。人間という種とそれ以外の動物との断絶は、バベルの塔の物語つまり人間同士の分離の直前に起こっており、あたかも後者が前者の帰結かその特殊事例のようにみえることは意味深長である。

このような発想は、肉を食糧にすることをそれ以前の菜食生活のある種の充実として扱う。ところがいくつかの無文字民族は、肉食をカニバリズムのほとんど和らげられていない一形態だという逆の見方をする。これらの人々は、何らかの親族関係をモデルにして猟師（または漁師）と獲物との関係を人間化する。それは婚姻による縁戚関係であったり、もっと直接には配偶者間の関係であったりする（世界中のあらゆる言語でなされ、われわれヨーロッパ諸語の隠語表現にさえ見られる、性交することと食べることとの同一視のため、この配偶者間の関係との同一視はいっそう容易になっている）。こうして、狩猟や漁撈は、一種の内向き《エンド》（同族内）のカニバリズムにみえるのである。

さらに、いま述べた人々と重なる場合もあるが、世界にそのつど存在する生命の総和にはつねに均衡が保たれていなければならないと考える人々もいる。生命の総和の一部を持ち出した猟師や漁師たちは、言うなれば、自身の余命を割いてその返済をせねばならない。これは肉食をカニバリズムの一形態とみなす別の方法であるが、この着想によると、他者を食べていると思いきや自分を食べていることになるので、今度は自己《オート》カニバリズムということになる。

三年ほど前、今日ほどではないがいわゆる狂牛病という流行病がニュースになった時にわたしが『ラ・レプブリカ』紙のとある記事（「われらみな食人種」、本書一五〇～一六〇頁）で読者にむけて解説したのは、時には人間もその犠牲となった類似の病気――ニューギニアの〈クールー〉やヨーロッパのクロイツフェルト＝ヤコブ病の新症例（人間の脳からの抽出物を発育不良の治療のために投与したことが病因だった）――は、カニバリズムの概念を拡張しなければそのすべてを包含しえない、本来の意味でのカニバリズムに関わる実践と結びつけられるということだった。そして、ヨーロッパ諸国で牝ウシが冒された（そして、その肉を食べた人にも死の危険が及んだ）これと同系統の病気は、家畜の飼料として人間が与えたウシを原料とした粉末を経由して感染するということが、いまでは知られている。この病気の原因は、歴史上に先例がある一つの手本にしたがって人間の手で牛を共食い《カニバル》に改造したことにある。一六世紀フランスにおける血なまぐさい宗教戦争で飢えに苦しんだパリ市民は、地下納骨所《カタコンブ》から取り出して挽いた人骨の粉でつくったパンで食いつながなければならないほど追い詰められたと当時の文献は語る。

¶1　『創世記』第一章二九節……「全地に生える、種を持つ草と種を持つ実をつける木を、すべてあなたたちに与えよう。それがあなたたちの食べ物となる」（『聖書　新共同訳』一九八八）

¶2　『創世記』第九章三節……「動いている命あるものは、すべてあなたたちの食糧とするがよい。わたしはこれらすべてのものを、青草と同じようにあなたたちに与える」（前掲書）

したがって、普遍的含意を有するほどに拡張されたカニバリズムと肉食との結びつきは思考のうちに非常に深く根を張っている。狂牛病によってあらためてこれが前景に浮上したのは、死に至る病気に感染するおそれに加えて、われわれが伝統的に抱いてきたカニバリズムへの恐怖が牛にまで拡張されて付け加わっているからである。われわれは幼少期からそう条件づけられているため依然として肉食にこだわり、やむなく代替の肉を頼ることになる。それでも、肉の消費が目に見えて低下したことに間違いはない。ただし、今回のできごとの前に精肉店のまな板にやがて来る時代の光景を見通して、その前を不安を抱かずには通り過ぎられない人はどれほどいただろうか。かつての自分たちは食糧を得るために生き物を育てては殺し、その肉を切り刻んでショーケースに満足気に並べていたという見方に立って、アメリカやオセアニアやアフリカの野蛮人の人肉食に対して一六、一七世紀の旅行者が抱いたのと同じ嫌悪感を抱く日がいずれやって来るだろう。

その証拠に、動物愛護運動の潮流は日々勢いを増している。ノアの方舟に乗り込むときにはまだ明白だった被造物の一体性と、方舟を降りた後の造物主自身による一体性の否定とのあいだに生じる矛盾、自らの慣習によって追い込まれたその矛盾にわれわれは次第にはっきりと気づき始めている。

*

オーギュスト・コントはおそらく、哲学者のなかでも、人間と動物の関係の問題に最大の注意を払ったひとりだろう。この偉大な天才がしばしばふけった誇大妄想のなせるわざとして、コントがこの関係を扱うにあたってとったやり方に、解説者たちはあえて触れないできた。しかしながら、その方法には一瞥しておくだけの価値がある。

コントは動物を三つの範疇に分けた。第一の範疇に分類されるのは人間に何がしかの危害をもたらす動物であり、コントはこれらの動物を絶滅させることを提案する。

第二の範疇にまとめられるのは、ウシ、ブタ、ヒツジ、その他の家畜や家禽など自分たちの食糧にするために人間の手で保護され、飼育される種である。人間は数千年の年月を掛けて、これらの種をもはや動物とは呼べないほど根本的に作り変えてきた。この動物たちを、われわれの生存に欠かせない有機化合物を合成する《栄養調合室《ラボラトワール・ニュトリティフ》》と見ても差し支えないだろう。

コントはこの第二の範疇から動物性を奪い去る一方で、第三の範疇に属する動物を人間と同化させる。第三の範疇には、われわれがペットにしたり、ときには勤勉な助手の役割を果たさせもする種が集められる。これらの動物は「知能の低さがこれまで強調されすぎた」とコントは言う。例えば、イヌやネコのようにそのいくつかは肉食動物である。その他の種は草食という性質のため、満足に使用できる知的水準にはない。コントはこれらの種を肉食に変えることを推奨する。例えば、ノルウェーでは飼葉が足りなくなると家畜に干魚を食べさせることから、これはまったく不可能なことではないと彼の目には映ったのである。こうして、いくつかの草食動物を、動物の本性にそなわる最高の水準の完成度まで到達させることができるだろう。これらの種は、新しい食性によってさらなる活発さと知性を得てこれまで以上に自らの主に献身的に仕え、人類の僕《しもべ》としてふるまうようになるはずである。エネルギー源や諸機械の主な監視はこれらの種に委ね、人間は別の仕事に力を注げるようになる。それがユートピアであることは確かにコントも認めるところではあるが、それは現代化学の起源となった金属の核種変換とたいした違いはない。核種変換の発想を動物にもあてはめ、ユートピアの範囲を物質の秩序から生命の秩序まで広げただけのことである。

一世紀半も前の古色蒼然とした計画ではあるが、これらの観点で予言的であるだけでなく、それ以外の観点からある逆説的な性質ももたらされる。直接間接を問わず人間の手で無数の生物種の消滅が引き起こされ、それ以外の種も人間の行いによって深刻に脅かされていることは動かしがたい事実である。人間が押しつける自然環境の改悪により、クマやオオカミ、トラ、サイ、ゾウ、クジラなどだけでなく、さまざまな種の昆虫、その他の無脊椎動物までもが日に日に根絶やしにされていることを思い起こせばよい。

人間が自分たちの生きる糧にしている動物たちを情け容赦なく栄養調合室の状態にまで追い込んでしまおうという展望も、これまたコントがそこまで見通せなかったほどに予言的である。仔ウシやブタ、ブロイラーの大規模飼育施設は、もっとも恐ろしいその実例を見せつける。つい最近には欧州議会でさえ、このことに動揺したという表明を行った。

コントが構想した第三の範疇をなしている動物が人間への勤勉な協力者になるだろうという見解も、訓練犬に委ねられる任務が日々多様なものになっていることや猿が体の不自由な人々を介助するようしつけられて使われること、それにイルカが抱かせる将来性などが証明するように、やはり予言的である。

狂牛病騒ぎが証明したように、草食動物の肉食動物への変換も同じく予言的ではあるが、この場合、ことのなりゆきはコントの予見とは違っている。まず、われわれが草食動物を肉食動物に改造したとはいうが、この改造はおそらく思われているほど独創的なものとはいえない。特に、反芻《はんすう》動物の栄養源は特異な適応をとげた胃で発酵させた植物を糧とする微生物であることから、この種の動物が真の草食動物とはいえないということは、すでに人々の認めるところである。

そもそもこの改造は、人間の有能な助手という利益を得るためではなく、むしろ、コントが栄養調合室と形容した動物に対して行われたのである。コント自身も「過剰な動物性はこれらの動物自身にとっても有害だろう」と言って、その致命的な錯誤について注意を促してはいた。その有害さはこれら動物たちだけでなく、われわれにも及ぶ。これらの動物にありあまる動物性を与える〈この動物たちに肉食以上のこと、つまりは共食いであることを強いる〉ことで、われわれは知らず知らずのうちに、自分たちの《栄養調合室》を、死の調合室に変えてしまったのではないだろうか。

*

狂牛病は、すべての国に及んだわけではない。わたしの知る限り、イタリアはこれまで伝染を免れている。イギリスの学者の予言どおりに伝染病自体が終息したり、ワクチンや治療法が発見されたり、はたまた、厳重な衛生政策により食肉用家畜の健康状態が守られたりして、もしかすると、狂牛病はあっという間に忘れられてしまうのかもしれない。ただ、別のシナリオも考えられないではない。

これまで受け入れられてきた見解とは逆だが、その病気が種をまたぎ、生物学上の境界を越えることはないのだろうかと疑われてもいる。われわれが食用にしているすべての動物を襲うとなれば、この病気は恒久的に根を下ろし、産業文明が生み出した害悪のなかに加えられることだろう。この産業文明のために、全生物の欲求を充たせなくなる危険性がしだいに深刻さを増している。

われわれは、もう汚染された空気しか吸えなくなっている。水もやはり汚染されていて、しかも、かつてはそう信じられていたような際限なく使える財ではなくなった。家庭用水だけでなく、いまでは農業用水にさえも使用料金が支払われていることをわれわれは知っている。エイズが出現してからは、性関係にも死の危険がともなう。これらの現象はどれも、人類が生きる条件を根底から覆《くつがえ》しつつあり、今後も覆していくだろうが、肉食生活のためにあらわになるまた別の死の危険がこれに続いて加わる新しい時代を予告してもいる。

しかも、人間に方向転換を強いることになるだろう要因はこれだけに限られない。一世紀もしないうちに全人口が倍になるこの世界では、家畜やその他の人間の飼育する動物は、人間にとって手ごわいライバルとなる。アメリカでは、穀物生産の三分の二までが動物飼育に用いられるという試算もある。そして、食肉の形でわれわれに返ってくるカロリーは、これらの動物が生きているあいだに消費するカロリーよりはるかに少ないことも忘れてはならない（以前、鶏肉では五分の一と聞かされたことがある）。人口を増やし続ける人類が生存していくためには、まもなく、現状の穀物生産量のすべてが必要になるだろう。つまり、家畜や家禽に回す分はまったく残らなくなり、結果として、動物の肉はタンパク質やカロリーのごく一部しか占めていないインドや中国の食習慣を全人類が模倣するだろう。もしかすると、こうした食習慣すら完全に諦めねばならなくなるかもしれない。なぜなら、人口が増加していく一方で、耕作地の面積は侵食や都市化の影響から縮小し、炭化水素の蓄えや水資源も限られているからである。逆に、専門家の見積もりでは、人類がそっくり菜食主義になれば、現在の耕作面積でもいまの倍の人口を養うことができるという。

注目すべきは、あたかも食習慣を変え始めたかのように、西洋社会では肉の消費がひとりでに低下する傾向にあることである。もしそうだとすれば、肉の消費を人々に思いとどまらせている狂牛病は、目下進行中のある進化を加速させているにすぎないのかもしれない。狂牛病がこの進化に加味するのは、自然の秩序に背いたことへの償いとして人類という種が抱くおさまりの悪い感情からなる、何か神秘的な要素だけかもしれない。

農学者たちは食用植物のタンパク質含有量の増加、化学者たちは合成タンパク質の工業的量産の任にあたるだろう。しかし、たとえ海綿状脳症（狂牛病とそれに類似する病気の学問上の名称）が永続的に定着したとしても、だからといって、肉を渇望する気持ちが消えてなくなることはないと断言してもよい。それを充たせる機会はごくまれで、高くつく、危険のともなうものになることだろう（絶妙な味わいがあると言われるが、腸《はらわた》の抜き方が甘ければ致死性の毒になりかねない〈フグ〉、フランスでは「テトロドン」と呼ばれる魚を食べる日本で、これにいくらか似た状況が体験できる）。肉はとっておきの場面だけの献立になる。やがて、うやうやしい崇敬と不安がないまぜの心情で肉を口にすることになるだろう。それは、かつての旅行者が伝える、いくつかの民族の人肉食にしみ込んでいた心情と同じものである。どちらの場合も肝要なのは、先祖と意思を通わせることであり、同時に、かつては敵だったか、いま敵対する生き物に由来する有害な物質を、危険を承知で自ら体内に取り込むことである。

採算が取れなくなる畜産業はまったく姿を消して、肉は狩猟でしか手に入らなくなり、超高級店で購入されるようになるだろう。かつての家畜の群れも自由の身になり、野生を取り戻した田園で他の動物と同じく狩りの獲物になるはずである。

したがって、世界文明たらんとした一文明が拡大しようとも、それによって地球全体が一様なものになってしまうことはないだろう。少し前ならもっとうまく配分されていた人口は、今日見られるように、各地方と同じくらいの規模にまで達した巨大都市にすし詰めになっているが、他の空間から都市への避難はまだまだ続くに違いない。こうした空間は、住民たちから決定的に見捨てられることではるか昔の状態にもどり、このうえなく風変わりな生活スタイルをあちこちで実現させることになるだろう。人類の進化は単調さに向かう代わりに、いろいろなコントラストを強調したり新しく創り出したりしながら、多様性の支配する世界が再現される。数千年来の習慣を投げ捨てようとするわれわれが、おそらくいつの日か狂牛たちから学び取ることになる知恵の教訓はこのようなことである。

母方オジの帰還

一九九七年一二月二四日

*

Le retour de l'oncle maternel

Quei parenti così arcaici

24 / 12 / 1997

近代になって物理学や化学が工業や軍事に応用されたことで、臨界質量や臨界温度といった概念がわれわれにも身近になった。これらの概念は、通常の状態では隠れている物質の属性が、その手前であるいはそれを越えたときにあらわになる閾値《いきち》に関わる。これらの閾値が踏み越えられるまでは、そのような属性はありえないばかりか、考えもつかないと思われていたことだろう。

存在のあゆみが深刻なまでに攪乱《かくらん》されたときに臨界点に達するのは人間社会でも同じである。消滅したと信じられていた古い状態が遺物として不意をついて現れる場合も、しぶとく現存していても常日頃は社会構造の最奥に埋もれて見えていない場合もあるが、息をひそめていた属性が突如として社会の真ん中に出現するのである。その属性は、ときに両方の場合を兼ねることもある。

姉であるダイアナ妃[1]の葬儀でのスペンサー伯爵の挨拶の文章を数ヶ月前に新聞で読んだわたしは、反射的にそのような考察を得たのだった。現在の社会では取るに足りない親族関係にすぎず、特別な意味を与えられてはいないと信じられている母方オジの役割を、まったく予期しえなかった形で伯爵の言葉が甦らせた。われわれの社会ではかつて、母方オジは家族と社会の構造の主要部品であったし、今日でも異国のいくつかの社会ではまだそうであり続けている。スペンサー伯爵の住まいが南アフリカにあることも考慮に入れるなら、あまりによくできすぎた偶然だというべきかもしれない。「南アフリカにおける母の兄弟」、それは一九二四年に、『サウスアフリカン・ジャーナル・オヴ・サイエンス』誌に発表された有名な論文の表題であり、著者のラドクリフ＝ブラウン[2]はこの論文で母方オジの重要性に光をあて、その意味作用がどのようなものでありうるかを理解しようと努めた先駆者のひとりである。

スペンサー伯爵は、姉ダイアナに降りかかった不幸の責任を前夫〔チャールズ皇太子〕や英国王室全体に負わせながら、民族学者たちが専門用語で言うところの「女の与え手」、つまり姉妹ないしは娘に対する査察権を持ち、彼女らがひどい扱いをうけていると自分が感じたり、彼女たち自身がそう思ったりしたときに介入できる者の地位を引き受ける。ただし、スペンサー伯爵がとりわけ主張したのは、自分と甥たち、つまり姉の子とのあいだにはある特別な絆があること、その絆のために甥たちを彼らの父やその一族から守ってやる権利が与えられ、その義務が生じるということである。

母方オジに帰属するこうした構造的役割は現代社会には受け入れがたいものだろうが、中世には受容されており、古代にもおそらくあった。ギリシャ語でオジが〈テイオス theîos〉《神の親族》と言われる〈イタリア語の〈ジオ zio〉、スペイン語、ポルトガル語の〈ティオ tio〉〔いずれも「オジ」の意〕という言葉はここから派生した〉ことからして、この種の親族が家族の布置のなかで

¶1 ダイアナ妃……一九六一～一九九七。イギリス王太子チャールズの元妃。一九九六年に離婚後、一九九七年にパリで自動車事故により死去した

¶2 ラドクリフ＝ブラウン……一八八一～一九五五。英国の社会人類学者で、機能主義の立場から親族関係・社会構造に関する議論を精密化し、自然科学的にも厳密な人類学を提唱した

選り抜きの位置を占めると推測するのは自然なことだろう。おおかたの武勲詩の筋書きは母方オジとその甥たちとの関係をめぐって展開することからして、中世にあってはこの地位はかなり重要なものだったようだ。ローラン[3]はカール大帝[4]の父違いの甥である。同じ関係は、ヴィヴィアンとオランジュ公ギヨーム〔フランス武勲詩でカール大帝の家臣とされる〕にも見られ、ゴーティエとド・ラオル・ド・カンブレ〔同〕、ペルスヴァルと聖杯の王〔アーサー王伝説の登場人物〕、ガウェインとアーサー王〔同〕、トリスタンとマーク王〔同〕、ガンウェルとロビンフッド〔中世イングランドの伝説上の人物〕など、まだまだ列挙し続けることができるだろう。この親族があまりに強い絆で結ばれるために、そのほかの関係は曇ってほとんど見えなくなる。事実、『ローランの歌』では、主人公ローランの父には一言もふれられないほどである。

母方オジと甥は互いに助け合う責任を持つ。甥はオジから贈り物を受け取る。甥を騎士に叙するのも、場合によっては甥に妻を娶《めと》らせるのもこのオジである。両者を結びつける感情がどれほど強いものであるかは、別の武勲詩『スペイン入り *Entrée en Espagne*』で、ローランがカール大帝のもとを離れて戦いに赴くとき、大帝が「そちを失わばわれはただひとり／夫を亡くした哀れな奥方のごとし」という嘆きの言葉を発する場面に雄弁に歌われているとおりである。

*

フランスやゲルマン圏の武勲詩に比べると、イタリアやスペインの武勲詩ではオジと甥の関係はそれほど明白でないように感じられる。そのわけは、英語における〈フォステレージ〔里子制度〕〉という言葉が示すゲルマン起源のもっと広い制度的な枠組みのなかに、この関係が位置づけられているからではないだろうか。アイルランドやスコットランドで厳格に実行されてきたこの里子制度のしきたりは、高貴な家柄の子弟の養育と教育を別の家族に委ねるものである。これによって、関係する当事者たちのあいだには、自分の生まれた家族に抱く絆以上に強い道徳的、感情的な絆が生じる。このしきたりは大陸ヨーロッパにも存在し、少なくとも《オジの里子》と言われる形を取った。貴族の子弟は、本質的には母の兄弟が代表する母方の家族に預けられ、母方オジのもとでのちのちまで続く《掛人《ヌリ》》〔かかりうど・被扶養者〕の身分を与えら

¶3　ローラン……武勲詩『ローランの歌』の主人公の騎士

¶4　カール大帝……七四二～八一四。カロリング朝第二代フランク国王。八〇〇年にローマ皇帝として戴冠

れる（古フランス語ではこの言葉に「食べさせてやる」という以上の非常に広範な意味があった）。

このような慣習は、古代には母権や母系出自のほうが優勢だったことの証拠とみなされたこともあったが、古代ヨーロッパにそれらがあったことを証明するものは何ひとつない。いまでは、われわれはまったく逆の理解をしている。この慣習は何より、父系出自がもたらす結果のひとつとされているのである。家長の権威を持つのは父であり、母方オジはまさに《男である母》として逆転した役割を引き受けるのに対して、母系出自を採用する社会では、家長の権利を行使する母方オジが畏怖の対象となり、甥たちを従える。したがって、母方オジに向き合う態度と父に向き合う態度とは相関関係にある。父と息子の関係が親密な社会では、オジと甥の関係は堅苦しいものとなる。そして、父が家長の権威の厳格な受託者としてある場合、オジは優しさや自由さを伴って遇されるのである。

出自は父から子へ男性間を直接たどられるか、女性を媒介する（そのときはオジから甥へたどられる）かのいずれかになるが、世界中の数えきれないほどの社会が、そのたどり方の実例の数々を提供している。どの方法をとっても母方オジは現われ、その姉妹、姉妹の夫、この両者の結婚から生まれた子たちとともに四項体系を形づくる。この体系こそが、いわゆる血縁、姻戚、親子という、家族構造が存在するために不可欠な三タイプの関係を、考えうる限りでもっとも経済的に結合することができる。この三タイプは別の言い方をすると、兄弟の姉妹に対する関係、夫の妻に対する関係、親の子に対する関係となる。

近代社会の複雑さのなかでほとんど見えなくなっていたこの構造は、スペンサー伯爵が言葉に上《のぼ》せたことであらためて今日的なものとなった。四項からなる家族体系の内部関係を、スペンサー伯爵は彼一流の非の打ち所のない手つきで定義してみせた。彼によれば、姉ダイアナと自分は幼少期までさかのぼる愛情に富んだ親密な関係で結ばれ、「家族のなかでもっとも若いわれわれふたりは、一緒の時間を分かち合った」という。反対に、王太子妃と夫やその一族との関係は「苦悶（…）涙、落胆」に彩られる。そして、この姉・弟の関係は、一方で夫・妻の関係と向き合うのとちょうど同じように、他方では、より親愛に満ちた教育を授けようと決心させたと伯爵が談話で口にしたオジ・甥の関係とも向き合っている。これら二種類の関係は一方が正《ポジティヴ》（＋）でもう一方が負《ネガティヴ》（－）という対照的なものだが、それはまさしく、あるひとつの構造のなかでこそ形づくられるのであり、それ以上に単純なものを思い描くことができない（ただし、もっと複雑なものは存在する）という意味で、この構造を親族関係の原子とみなすに足る十分な根拠があるといえる。

人々が長らくそう信じてきたのとは逆に、家族の根底にあるのは、じつは血縁関係ではない。さまざまに異なる数多くの形で行われてはいるが、ほとんど普遍的であるといって差し支えないインセストの禁止を考慮すると、ある男が妻を得ようとすれば、娘もしくは姉妹という身内の女性を自分に譲ってくれる別の男からしか得ることができない。そう考えると、母方オジがどのようにして親族構造のなかに出現するのかをわざわざ説明する必要はない。母方オジは親族構造に姿を見せるというよりも、構造の必要条件として直接与えられているのである。

二、三世紀前であればこうした構造はもう少し見分けやすかったが、いまでは、産業革命とともにもたらされた――その原因でもあり、またその結果でもある――人口学的、社会的、経済的、そして政治的な変化の帰結によってそれが風化している。われわれの社会ではもはや親族の絆が、無文字社会で行われているような社会関係の総体に対する調整役を果たすことはない。社会関係の包括的な整合性は、他の諸要因に依存している。

*

ダイアナ妃の死が全世界に引き起こした激しい衝撃については、民間伝承上の大テーマ――羊飼いの女を妻に娶《めと》った王子と意地悪な姑――と宗教上のテーマ――死罪の女罪人が自らの犠牲で新たな改宗者の罪を引き受ける――がちょうど交叉する登場人物がこのドラマに配役されたことによって、その大部分に説明がつく。このドラマのおかげで別の古代的構造がふたたび出現しえたということも、これでいっそう理解がしやすくなる。母方オジはこうして、かつてはわれわれの社会でも自身に帰属し、他の社会でならいまなおその地位に属するであろうある役割を、その法的基盤だけでなく慣習的基盤さえ完全に失われていたにもかかわらず要求することができた。自らのものと主張する甥たちへの権利が、あたかも慣習に根拠を持っていたかのように、スペンサー伯爵は「われわれはみな血のつながったお前の家族だ」として「彼女を見舞った運命から彼女の子たちを守り、穏やかにそして想像力豊かに育ってくれる（ように、）この子らを保護することをわたしは誓う」と宣言する。ある危機を捉えてドラマの演者たちの意識に再浮上したことで、かつての人間社会では支配的でありながらわれわれの社会では消失したと信じられていた親族構造が息を吹き返すことになったとしない限り、スペンサー伯爵はいったい何の名においてその権利を主張できただろうか。

＊

いくつかの異国の社会が母方オジに与える突出した地位をめぐっては、フランスで教育を受けたある中国人民族学者〔蔡华（蔡華）〕の著作により、つい先日、新たな資料がもたらされた。ヒマラヤ山脈のはずれに暮らす中国のあるエスニックグループ、ナアの家族・社会体系は、すでに一三世紀の時点でマルコ・ポーロの好奇心もくすぐるほど、あらゆる点で目をひくものだった。兄弟と姉妹、そして姉妹の子たちから構成される世帯の構成単位は、われわれが慣れ親しんだ家族の概念からあまりにかけ離れており、かろうじて家族と呼ぶことができるかどうかという程度のものである。母系リネージ[¶5]にだけ属するこの子たちは、女が自分と縁続きではないすべての男とのあいだに持った（ここでもインセストの禁止は他所と同じく適用されるので）性関係から生まれた子である。この結合は比較的長続きすることもたまにはあるが、ほとんどの場合は束の間の密会でしかない。女は密会に来る男の数を限定せず受け入れてよく、男は日が落ちると女のところへ足しげく通う。そのため、子が生まれても、これらその場限りの愛人のうちの誰が父親であるかを突き止める方法はないが、人々はそれを一向に気に掛けることがない。親族語彙にも〈父〉や〈夫〉を意味するはずの言葉はまったく見あたらないのである〔原註1〕。

この興味深い観察をした著者は、この特異な一事例の発見が、家族、親族、結婚をめぐって定説となってきたあらゆる考え方の効力を減じるものだといくぶん素朴に信じているようである。それでは二重に誤りを犯すことになる。ナアの人々が示しているのはおそらく、ネパールや南インド、アフリカの他事例でかなり前から知られていた体系の極端な事例であろう。これらの事例が描き出す家族構造が定説を崩してしまうことはなく、せいぜい、われわれの社会の家族構造と対称的で逆転した像を示しているにすぎない。

われわれの社会が母方オジという範疇を次第に消滅させていった（われわれの親族語彙は特段それを区別する言葉をもはや持っていない）のと同じように、こうした社会では、夫という範疇がしだいに消滅していくのである。確かに、これらのオジがわれわれの社会で時として何らかの役割を果たすことはあるが、体系のなかにその役割があらかじめ書き込まれているわけではない。したがって、夫の役割のない家族があったところで驚くにはあたらない。母方オジに用意された役割がなさそうに見える家族がわれわれにとって自然だと感じられることと、大した違いはないのである。自身の社会で親族と結婚についての理論が無効であると強弁する者は誰ひとりいないだろう。ナア社会でも、それ以上でもそれ以下でもない。自らが滞りなく機能す

¶5　リネージ……明確に認識された系譜関係に基づいて共通祖先からたどられる、出自の同じ親族・社会集団

るための調整役を親族や結婚に任せるのも、もはや任せなくなって他のメカニズムに委ねるのも、当の社会である。なぜなら親族や結婚の体系の重要性は、すべての文化で完全に同一というわけではないからである。いくつかの文化ではこれらの体系が社会関係を調整する積極的な原理を提供する。われわれの文化のように、そしてナアの文化もおそらくそうだが、それ以外の文化ではこの機能が空席になるか、かなり弱められているのである。

世の人々の想像力を動転させた数ヶ月前の一事件を出発点に始まったこの考察はどこに至るのだろうか。社会の作動の奥深くにある動力への理解をいっそう深めるには、自分の社会と時間や空間の面でもっともかけ離れた社会だけを頼りにすることはできない。

かつては、もはや意味が判然としなくなった新旧の諸慣習を、野生の人々のもとにはいまだ現存する社会状態の遺物や名残りとして解釈しようとして、人々の目はほとんど自動的に民族学に向けられてきた。この時代遅れの未開崇拝に逆らうなかでわれわれが気づかされたのは、いくつか条件がそろえば、自らの歴史に確たる証拠がある諸々の社会生活の形態や組織類型に今日的な意味が取り戻せること、そして、自らの社会と時間的・空間的にかけ離れた諸社会にも回顧的な視点を向けられるということである。いわゆる複雑で進化した社会と、誤って未開なり古代的なりと呼ばれた社会、この両者の隔たりは思い込まれているほど大きくはない。遠いものが近いものを照らし出すように、近いものが遠いものを照らし出すこともある。

原註

〔1〕 CAI Hua, *Une société sans père ni mari. Les Na de Chine*, Paris, Presses universitaires de France, 1997.

新たな神話による検算

一九九九年四月一六日

*

La preuve par le mythe neuf

I miti uno sguardo dentro la loro origine

16 / 4 / 1999

構造分析の支持者たちは、自分たちがある批判にさらされていることをわきまえている。時には、それにしっかり応えなければならない。表層的なもので満足して類比《アナロジー》を濫用することや、あらゆる雑多な手段に訴えて異論の余地も多い類比にすがることを、その企図に本質的につきまとう欠陥としてひとはやり玉にあげる。したがって、ある人々の目には、先行する単語の後ろの一音節以上を引き継いで始まる単語からいちばん突拍子もない語彙で選んでやりとりしあう中学生に流行りのしりとり遊びと構造分析が大差のないものに映っているのだろう。

若い精神にとってこの遊びが持っている魅力を問い続けることもできそうである。その魅力は、単に詩的なだけと言って済まされそうな母音韻の追求としては説明しきれないだろう。母音韻は、散文では表現しようのない現実性にたどり着くために詩が利用する手法のひとつである。実際、この遊びは初歩的な形態ではあるが、いにしえの詩人たちの連鎖《アンシェネ》、連結《コンカテネ》、添付《アネクゼ》あるいは和解《フラテルニゼ》などと称される尻取り韻を駆使した作詩法を思い起こさせる。それに、同一音節なり音節グループに同時にふたつの意味を担わせる日本の作詩法《軸の語《モ・ピヴォ》》すなわち〈掛詞《かけことば》〉も連想させる。同じように、押韻も類似性と差異とをたくみに利用して音と意味とのあいだにある等価関係をあらわにする。言語学者のヤコブソン¶1も「単に音の観点からしか押韻を取り扱わないとすれば、それは行き過ぎた単純化を犯すことになるだろう。押韻はかならず意味論的な関係を前提とする」と述べている（Jakobson, 1963, p. 233）。

したがって、構造分析が連結する類比は、他分野では誤って韻にあてがわれているらしい下

¶1　ヤコブソン……一八九六〜一九八二。二〇世紀を代表する言語学者のひとりで、構造言語学を発展させた。特に音韻論の分野で画期的な業績を残し、亡命先の米国で出会ったレヴィ＝ストロースが構造人類学を切り拓くにあたって重要な示唆を与えた

級の地位に追いやられて、やがてお払い箱にされることはない。なぜなら、類比にも韻にも、想像されるよりはるかに多くの意味がはらまれているからである。仮説演繹法の推論の各項のように、検算手続きがほどこせなくてはならない諸結論がこうした類比によっても導かれるということ、それこそがこの類比を正当化する。わたしの著書『やきもち焼きの土器つくり』に関わるある実例によってこのことを示してみたい（Lévi-Strauss, 1985）。

土器作りにおける粘土、これを仮に出発点としよう〔以降、土器製作の作業を「土器作り」、それを行う人を「土器つくり」と表記する〕。いくつかの神話では土器作りのための粘土はヨタカを原因として生じることから、土器作りの粘土からヨタカが導かれる。ヨタカのイメージが形成されるとたちまち、多くの特徴からヨタカと一対の諸対立を形づくるミツユビナマケモノのイメージがその逆転として得られる。今度は、ミツユビナマケモノと他の動物の生活様式の類似性から、樹上の動物相という概念のもとに双方を包摂するよう誘われる。その概念はこの動物相を形象化した表象である肛門のない小人を導く。ここから、南から北へと半球を転じることで観察される逆転した対称性の関係を経て、口のない小人にたどり着くのである。

論理やレトリックの次元でのことも地理的次元でのこともあるこうした連続的な転移は、隣接、類似、等価、あるいは逆転の関係に基礎づけられている。これらの転移は、兼用法《シレプシス》[12]や、換喩《メトニミー》、隠喩《メタフォール》の領域に属する。どうすれば、これらの選択が自説に合うようそのつどこしらえた恣意的なものでないと説得できるだろうか。しかも、選択を重ねた結果、探求の存在理由だった土器作りの神話上の地位が旅程の途中で忘れられたかのように、出発点からだんだん遠ざかっていないだろうか。アメリカ大陸の神話では樹上の動物相が小人の変形と考えられているらしいとする命題を念頭に置いて、ある批評家は「しかし、そう仮定されるにすぎない。なぜなら（…）これらの関係を立証しに出てくる神話が生まれるはずもなく、この関係の大半は単に公準として立てられているだけだからである（…）これらの神話が『やきもち焼きの土器つくり』で占めるはずの戦略的な場所を考えると、挙証という点でこのことは意味深長と言わざるをえない」と反論する（Abad Marquez, 1995, p. 336）。

さて、新たな公準や仮説が各段階で介入してくるこの曲折した道のりは、その時点では未知だった神話が出現し、媒介項を短絡させて結論と諸前提とがつなげられたとき、その有効性がただちにまるごと認められることになる。これに当てはまるのが、エルザ・ゴメス＝インベルト女史が採集した〔コロンビアの〕バウペス県に暮らす先住民タトゥヨの神話である。わたしの

¶2 兼用法……同一単語で種類や性質が大きく異なる文や言葉を結びつける修辞法

証明にとってこの神話が持つ重要性を意識して、彼女は公刊に先立ってその神話のことを知らせてくれた。ここで彼女に感謝の意を表しておきたい。

この神話は二つの部分に区分できる。第二の部分は女性の仕事である壺の製作を取り上げ、その作業がなぜ手の込んだものになったかを説明するもので、これは一時的に脇に置いておくことにする。そして、第一の部分はもっと以前の時代、土器作りの一次材である粘土の起源まで遡るものである。

誤ちを犯したある先住民の男はたまたま、森の精霊「肛門なし」と出会った。彼はその面前で屁を放った。精霊は驚いて騒音のもとを問いただした。物を言ったのは自分の肛門だと男は精霊に説明した。精霊は自分には肛門がないと白状した。男は精霊に穴をあけるように提案して、幅の狭い尖った木の板を尻あたりに乱暴に差し込むと精霊は死んでしまった。この穴からはいまも粘土が採れるが、それは精霊の腐った肉である（Gómez-Imbert, 1990, p. 193-227）。

粘土の起源神話と肛門のない小人の神話とが同一集合に属することを論証し、その理由を確定するのに、かつては数百ページに及ぶ複雑な議論が必要だった。今後は、「肛門なし」と粘土とを同一視する神話によって、その長い道のりの正しさが確かなものとなる。

同じように、こうした場合にそれまでは二つの神話集合間に公準として立てざるをえなかったあるつながりが、調査領域外に残されていた神話のおかげで解明できるようになった。ひとつは土器作りの起源神話であり、もうひとつは鳥の色の起源神話である。

*

まず、アメリカにおける土器作りの起源神話が、土器の起源を扱うもの——例えばタトゥヨ神話の二番目の部分がそうである——と壺の製造や装飾を扱うものという二つの下位集合に分かれるのを思い出すところから始めよう。この技芸は超自然の土器の主から女性に教え授けられたものだが、神話は他方でその主を虹、すなわち水底に暮らす大蛇の化け物の姿としても表象する。土器つくりが自分の作品を装飾するためにいまなお模倣するのは、まさしくその蛇の体表面を飾るポリクロミー〔多彩色・極彩色〕のモチーフであり、そこからインスピレーションを授かるのである。

ところが別の神話では、この蛇がかなり異なった出来事に登場する。蛇の敵である鳥たちが力を合わせて蛇を亡き者にしようとした。そして、蛇を殺した後、鳥たちは蛇の皮を山分けにした。種を代表するそれぞれの鳥は、たまたま自分のものとなった蛇の皮のかけらに応じて、別々の羽毛を得たという。

ポリクロミーを媒介にして、鳥の色、装飾された土器、粘土のあいだに、あるつながりが確立される。一見、そのつながりを必然的にするものはなさそうにみえる。しかし、二つの集合の結合はある神話によって証明できる。その神話はアマゾニアから遠く離れたユカタン半島の先住民、マヤの人々に由来するものではある。ただ、われわれは南アメリカ神話におけるポリクロミーの役割をめぐる最初の考察のときにもすでにメキシコまで導かれていた（Lévi-Strauss, 1964, p. 329 ; 1968, p. 62）。

この神話にはいくつものヴァージョンが知られている。最新のヴァージョンは、いさかいの絶えなかった鳥たちからひとりを王に選出するために大先祖から集会の招集がかかったと語る。均整の取れた背丈からも耳に心地よい鳴き声からもその資格十分として、野生の七面鳥のオスが候補者の名乗りをあげた。ところが、その羽根はそれほど美しくなかった。七面鳥はヨタカの羽根を借り受けて当選した。しかし、待てど暮らせどヨタカには七面鳥が見返りに約束した特別待遇はなかった。身ぐるみ剝がされて凍え死にそうになったヨタカが森に身を隠しているのを鳥たちは見つけた。ヨタカを哀れんで、それぞれの鳥が自分の羽根を一本ずつ与えた。ヨタカの羽根がいま雑多な色をしているのはそのためだという（Boccara, 1996, p. 97）。

事実、ヨタカの羽根はグレー、鹿毛色、焦茶色、黒の色味を帯びている。そのくすんであまり目立たない色調はヨタカがうずくまって止まる地面や樹木の色合いと一体化する。

この神話は明らかに遡行的な歩みをたどっている。鳥がそれぞれ別々の羽根をどのようにして獲得したかを語る神話とは逆方向に、ヨタカがどのように自分の羽根を失い、あらゆる鳥の羽根がもともとはそうであったような色調の不分明な状態にもどったのかをこの神話は語る。もうひとつの集合をなす土器作りの起源についての諸神話の展開も同じである。超自然の庇護者から授った壺を慎みのない（口頭の節制という点で罪を犯した）女がどのようにして失うのかをそれらの神話は語る。粉々に砕けた壺は小さな粘土の玉に戻るのだが、タトゥヨ神話のなかでその素材は、肛門による保持に悩む（上方が過度に開いているのではなく下方が過度に閉じている）登場人物と同一視される。

したがって、装飾された土器が粘土へ引き戻される道のりと鳥たちの色とりどりの羽根がヨタカの不分明でくすんだ羽根に帰着する道のりとは平行関係にある。それとも、お好みなら、色という点でヨタカが他の鳥に対して持つ関係は、粘土が装飾された壺に対して持つ関係に相当するといってもよい。こうして、土器作りの神話の母細胞としてヨタカと粘土をひとまとめにするヒバロ神話を選んだことの正しさが確かめられたのである。

ある証明にたどり着くために諸神話間に張りめぐらせる必要があった長い結合の連鎖に対して、検算に用いた神話は割り算の剰余のような性格を呈する。そこには要点だけが残っているのである。算術でもそうであるように、検算とは、複雑な演算（この場合であれば、多数の神話を使って展開された演算）をある単一の神話に対して実行されるもっと単純な同形の演算で置き換えること、そして、その双方の答えが一致するかを検証することである。

ところが、検算が正しい答えを出したとしても、それがたまたま得られたものではなく、その結合を連結する方法が分析者の精神の外に実在する何かと対応していると保証してくれるものはまだない。それを確実にするには、検算の数を増やさなければならない。算術になぞらえることには危険もある。算術には慎重であれという忠告だけが求められるだろう。新しい検算、すなわち、ここで新しいと形容された――研究当時は知られていなかったか、以前のルートでは出会わなかったために――神話がもたらす検算に共通して言えるのはそれがもっともらしいということだけで、せいぜい高い蓋然《がいぜん》性があると主張できるにすぎない。ただ、いわゆる人文諸科学においては特に、それだけで十分に大したことなのである。

文献

ABAD MÁRQUEZ L. V., 1995, *La Mirada distante sobre Lévi-Strauss*, Madrid, Siglo veintiuno de España Editores (Conto de investigaciones sociológicas, colección monografías, num. 142).

BOCCARA M., 1996, « Puhuy, l'amoureux déçu. La mythologie de l'Engoulevent en pays Maya », *Journal d'agriculture traditionnelle et de botanique appliquée*, vol. XXXVIII(2).

GÓMEZ-IMBERT E., 1990, « La façon des poteries. Mythe sur l'origine de la poterie », *Amerindia*, Paris (publié avec le concours du C. N. R. S.), n° 15.

JAKOBSON R., 1963, *Essais de linguistique générale*, vol. I, traduit et préfacé par Nicolas Ruwet, Paris, Les Éditions de Minuit.〔ヤーコブソン『一般言語学』川本茂雄訳、みすず書房、一九七三。ただし訳文は邦訳によらず、本書原文から訳出した〕

LÉVI-STRAUSS C., 1964, *Le Cru et le Cuit*, Paris, Plon.〔レヴィ＝ストロース『生のものと火を通したもの』早水洋太郎訳、みすず書房、二〇〇五、四五〇頁註〕

——, 1968, *L'Origin des manières de table*, Plon.〔同『食卓作法の起源』渡辺公三他訳、みすず書房、二〇〇七、八〇～八一頁註。原書文献表には『蜜から灰へ *Du miel aux cendres*』が示されているが、指示内容から判断して書名、参照箇所とも誤りと思われるため、訂正した〕

——, 1985, *La Potière jalousie*, Paris, Plon.〔同『やきもち焼きの土器つくり』渡辺公三訳、みすず書房、一九九〇〕

238

二〇〇〇年三月九日

「コルシ・エ・リコルシ」——ヴィーコを追いかけて

*

Corsi e ricorsi, dans le sillage de Vico

Gli uomini visti da un'ameba

9/3/2000

わたしは先頃、さるアメリカの医学教授の書いた、人間種の増殖が地球上の癌に擬えられるとする理論をたまたま目にした。その論証の技術的な厳密さと精確さは印象的だった。わたしの能力不足のため、ここでは、その理論を単純化したヴァージョンしかお目に掛けられないのだが。

筆者によると、第四紀初めのアフリカで、陸棲脊椎動物の一系統、さらに特定すると霊長類の一系統を起源とする幹細胞がヒト状組織を生んだという。その場所にとどまっているあいだ健全だったそれらの幹細胞は、近東地域のより豊富で多様な食用資源と真皮[¶1]接触したことである悪性の性質を帯び、その後に続く栽培化と家畜化による植物組織や動物組織の摂取を原因として、はっきりと腫瘍化したのだった。

この悪性細胞は農耕的マイクロサテライト[¶2]の形で南欧やアジアの粘膜地帯に遊走した。当の近東でも、その後の銅質や鉄質含有物に至る多数の石質含有物を出現させながら、《都市状》の厚い斑《プラーク》の様相をとって転移が進展した。

東半球に長らく隔離されていたこの凝集した腫瘍は、西半球のよく似た細胞におそらくすでに潜伏していた悪性を発現させる引き金となる。《コロンブス型プログレッション[¶3]》の名で知られるこの現象は、スペイン系およびアングロサクソン系クローンの細胞組み換えによって出

¶1 真皮……表皮組織の下に位置する皮膚層で、血管やリンパ管が豊富に分布する

¶2 マイクロサテライト……細胞核や細胞小器官のゲノムトの反復配列。変異速度が他より大きく突然変異を蓄積しやすい

¶3 プログレッション……イニシエーション、プロモーションに続く、発癌過程のひとつ。前癌細胞が不可逆的に悪性度を高める段階

現させられたのである。

疾病が重篤化するにしたがって、文化的諸要因の作用による全身化した発熱状態や激しい呼吸困難が現れた。石油蒸留成分の吸入、地球規模での酸素量の減少、森林性呼吸器の腔形成などである。血中の毒性代謝物レベルの上昇、有機殺虫剤に由来するなじみのない化学物質の異常な比率、海洋面の炭化水素の層、金属やプラスチックの血栓によって、〔数ヶ月の余命を遺す〕プレターミナル期の到来が告げられる。衰えのみえた血管新生[*4]が腫瘍性の瘤《こぶ》の壊死を引き起こしたが、主に数世紀前に遡るそれらの瘤は、細胞計数すると六〇億を超えていた。それら腫瘍の都市性の核は、その背後に内毒素性の不毛な嚢腫《のうしゅ》だけを残して、内側から穴が穿たれて崩壊した〔原註1〕。

外から来た医師が地球全体をひとつの生態系に見立てて行うかもしれない診断の見立てや予後はこんな具合ではないだろうか。たとえ先の描写が気のきいた比喩にしかみなされないとしても、個体史であれ集団史であれ、ともに生命に属する現象を同一言語で詳述できるという意味において、なるほど、それはきわめて示唆に富むものと言えないだろうか。

説明には二つの種類が存在することも、これでいっそう理解しやすくなる。結果から来歴を遡って、現象を引き起こす原因もしくは連鎖する諸原因を突き止めようとする説明が一方にある。もう一方の説明は、いわば横断的な進め方に従って、説明しようとする現象をそれと同一の構造、同一の特性群を別の面ですでに持っている何かのモデルの転位とみなすものである。したがって、後者の説明は前者の説明の充足理由となっている。このように比較対照することで、言語の起源の問題をめぐって、かなり徴候的なある別の例がもたらされる。

この五〇年来の研究は、分節言語のいくつかの特性は、霊長類の何種かにとっては手の届かないものではないことを明らかにした。とはいえ人間の言語は、動物たちが自然環境で発するどんなメッセージとも明らかに異なっている。想像や創造の能力は人間の言語に固有のものである。抽象化の操作をしたり、空間的、時間的にかけ離れた事物や事象を取り扱ったりする素質もそうである。そして最後に、とりわけ人間の言語の絶対的に独自な性質として、二重分節がある。純粋に弁別的な単位から形づくられた〔発声・聴取可能な音の少切片＝音素という〕第一の水準が、単語や句から構成される意味作用の単位を形づくる〔記号素という〕第二の水準で組み合わされている。

人間という種に普遍的な脳のこの能力がいかなる有機組織的前提条件からもたらされたもの

¶4 血管新生……既存の血管から新たな毛細血管が生じる生理現象

か、われわれは知らずにいる。言語の起源についての生物学的理論がないためにこのテーマではいかなる議論もしないというパリ言語学会がかつて表明した拒否は、いまも有効であり続けている。われわれには動物的コミュニケーションから人間の言語がどのように漸進的に誕生したのかを知るいかなる手立てもない。両者の差異は本性によるもので、程度の差異ではない。確かに、いつになっても問題は解決不能であるかにみえ、古代の人々は——数人の近代人でさえ——人間の言語を神の授けた仕組みだとみなしたほどであった。

遺伝コードの発見はこれらの思弁を時代遅れにした。その発見がわれわれに明かしたのは、人間の言語活動から著しくかけ離れてはいるが生命の発現が問題である限りでは言語に伏在しているといってよいある水準に、分節言語と合致するモデルが存在するということだった。遺伝コードも言語コードと同じく——そして、この二つだけが——有限個の離散的単位によって作動する。音素と同じくそれ自体は意味を欠く単位が、意味を担う単語に相当する最小単位を生み出すために組み合わされる。この各単語は句読点さえ疎かにすることなく句を形づくり、文法が分子のメッセージを決定する。それだけではない。人間の言語活動と同じように、遺伝コードの単語も文脈に応じて意味を変えることができる。言語習得時の学習の役割を過小評価すべきではないが、言語の諸構造を幼い時期に身につける人間の素質が胚細胞のなかにコード化された指示から発生していることは間違いない。人間の言語活動の基盤に取り組むと、遺伝形質をめぐる問題がただちに提起される。遺伝コードの構造と、人間の言語活動が持つあらゆるコードに伏在する構造とのあいだに認められる同形性《イソモルフィスム》には、まさに、単なる比喩以上のものがある。その同形性から、これらの普遍的な設計手法をホモ・サピエンスの（そして、ホモ・ハビリスからとは言わないまでも、言語使用の条件となる大脳回[¶5]がすでに存在したと思われるホモ・エレクトゥスの）分子的遺産とみなすように促される。そういうわけで、このように分子の水準で作動するコミュニケーションの構造原理が言語構造のモデルにあるのかもしれない。同じように、これを細胞の水準へと移し替えると、人間種の増殖が癌の疾病記述学をモデルにしているようにわれわれの目には映るのである。

さて今度は、古代このかた哲学者たちが自問してきた第三の問題、すなわち、社会状態にある生命の起源をめぐる問題を考察することにしよう。その難しさは言語の起源をめぐる困難と同じものである。分節言語の不在と存在とのあいだには、その中間的諸形態に目星をつけようとするあらゆる努力が虚しくなるほどの明らかな断絶がある。しかし、さらに深い水準に求め

¶5 大脳回……脳の溝と溝とのあいだの凸面部

さえすれば、その移行形態は存在する。人口拡大にとっての細胞の水準、言語にとっての分子の水準のように、社交性《ソシアビリテ》にとっても、やはり細胞の水準というものが存在するのである。

単独生活から社会生活への移行は陸棲アメーバの一種に直接に観察することができ、科学的にも説明可能である。この単細胞生物は自分の使える栄養分が十分にある限りは同種の仲間との接触なしに一生を送る。ところが、それに事欠くようになると、このアメーバはお互いを引き寄せる物質を分泌し始める。寄り集まったアメーバたちは、機能を分化させた新しいタイプの組織体に姿を変える。この社会的な局面でアメーバたちは一体となって、栄養分が豊富にあるもっと湿潤で温暖な場所へと移動する。その後社会は解体されて各個体が分散し、別々の生活を再開するのである。

この観察で特に目を引くのは、アメーバが産生し、互いを引き寄せ合って多細胞の社会的存在を組織する手段となる物質が、他のところではよく知られた化学物質にほかならないということである。多細胞生物――われわれ自身のような――の細胞間コミュニケーションを司る環状アデノシン一燐酸[6]こそがその物質であり、それゆえ、生物個体のひとつひとつの身体をこの物質が巨大な社会に仕立てあげているのである。ところで、この物質はアメーバが栄養として摂取するバクテリアの分泌物質とも同一である。アメーバはその物質を感知することによってバクテリアを発見する。言い換えるならば、捕食者をその獲物のほうへ引き寄せるのは、捕食者を互いに引き寄せ合い、それらを社会として組織するのとまったく同一の物質ということになる。

細胞の生という慎ましやかな水準にではあるが、フランシス・ベーコンの後を受けてホッブズが——その後も多くの他の哲学者たちが——突きあたった矛盾の解決法が見られる。これらの哲学者にとって問題だったのは、同等に真であるとみなされていた二つの格率《マクシム》「人は人《ホモ・》にとって狼である《ホミニ・ルプス》」「人は人にとって神である《ホモ・ホミニ・デウス》」をどのように克服するかということだった。ふたつの状態のあいだには程度の違いしかないと認識されるなら、二律背反はたちまち雲散霧消する。

モデルに取り上げた陸棲アメーバは、社会生活をあるひとつの状態として思い描くように促す。もろもろの個体が相互に接近しはするが、食い合いとまではいかずとも互いの自滅を招きかねない強い圧が掛からない程度にお互いを引きつけ合う状態である。社交性はこの場合、攻

¶6 環状アデノシン一燐酸……分化やシナプス伝達、ホルモン分泌など、さまざまな過程に関与する代表的な細胞内情報伝達物質のひとつ

撃性の下限のようなもの——お好みなら、そのゆるやかな形式といってもよい——とみることができる。このような解釈を後ろ盾にして、われわれの生活も含めた人間社会の日常生活、それらがくぐり抜けてきた主な危機から数多くの議論が提供されることになるだろう。

わたしが示した三つの事例は、起源の問題に対して通常とはまったく別の観点から光をあてる。原因に遡ろうと望む限り、これらの問題は解決不能なままにとどまる。なぜなら、説明が望まれるその現象のいくつかの本質的属性が先行状態のなかには見あたらないからである。どこかに別の集合が発見され、理解を試みている集合がモデル上でその集合に同じように敷き写せるのであれば、曇った地平は晴れて、発生の問題は提起されなくなる。どのようにしてそれがそこに存在するようになったのかを問う必要はもはやない。それはもうそこに在ったのだから。

このような遠近法の変更は新しいものではない。中世の思想家たちにもその着想はあり、一八世紀のヴィーコによる「コルシ・エ・リコルシ〔進行と反復・歴史の循環〕」の理論にもそれが見られる。その理論によると、人類史の各時代は、先行する円環のなかでその時代と一致するいずれかの時代のモデルを再現するのだという。時代どうしは形式的相同の関係を取り結ぶ。例に挙げられている古代と近代の平行関係は、人間社会の全歴史がいくつかの典型的な場面を果てしなく繰り返してきたことを立証している。こうした理論にいくらか信用がおけるなら、われわれが見た三事例で例証したのも同様のことだと言えないだろうか。人口拡大が癌増殖の、言語コードが遺伝コードの、多細胞生物の社交性が単細胞生物の水準でみた社交性の、それぞれ〈反復《リコルソ》〉に映るのである。

確かに、ヴィーコは自らの理論の対象を時の流れに沿って展開する人間社会の歴史に限定している。ただし、それはとりわけヴィーコにとって、経験的データのかなたで「各時代におけるあらゆる諸国民の歴史がたどる永遠の理念史」に到達するための方法だったからである〔原註2〕。その企てを支えるのは、なるほど神がつくり給うたがゆえに神のみぞ知る自然界と、人間が形づくったものであるがゆえに人間にも知ることのできる人間界ないしは世俗世界との区別である。しかし、自らのほうへ不断に戻ってくる弓なりの人間の歴史の歩みは、ヴィーコによると神の摂理による数々の意思の結果である。「コルシ・エ・リコルシ」の理論によって、自らの歴史に課せられたこの法則を意識に上らせたとき、ヴェールの一端が持ち上げられる。言わばその小さな出入口を通って、人間はこの意思にアクセスし、それがはるかに大きな舞台で上演されていることを知る用意が整う。ここで言う大きな舞台とは、人間の歴史がその一部をなす生命現象の総体である。

ヴィーコの著作のなかでも帰結のない奇想と受け取られることが多かった「コルシ・エ・リコルシ」の理論は、このように実に計り知れない射程を持っている。というのも、自分に固有の歴史を自覚するなかで、神の摂理がいつでも有限個の同じモデルを再利用して働きかけてくることが人間に明かされたなら、その摂理のうち、人間に向けられた個別意思から神の一般意思を推定できるようになるからである。ヴィーコがこの方向を取ることを当時の科学の状態はまだ許さなかったが、その理論は、思考の構造から実在の構造を導き出す道筋を学問に開いたのである。

原註

[1] D. Wilson, « Human population structure in the modern world: A Malthusian malignancy », *Anthropology Today*, vol. 15, nº 6, december 1999, p. 24.

[2] Giambattista Vico, *La Science nouvelle* (1744), Livre Premier, quatrième section, paragraphe 349, traduit de l'italien et présenté par Alain Pons, Paris, Fayard, 2001, p. 140. G. Vico, *La Scienza nuova* (1744), *Opere*, tome 1, a cura di Andrea Battistini, Milan, Mondadori (I Meridiani, 1990), 2001, p. 552.〔ヴィーコ『新しい学』上、第1巻・第四部（段落番号三四九）、上村忠男訳、中公文庫、二〇〇八、二六九頁。訳文は文脈に応じ変更した〕

訳者あとがき

本書はフランスの人類学者、民族学者、クロード・レヴィ＝ストロースの*Nous sommes tous des cannibales*（Seuil, 2013）の全訳である。

本来はここで、監訳者の渡辺公三先生に、人類学や人文諸科学の動向、現代世界の動静に照らして本書の趣旨を解説いただくはずだったが、先生の急逝によりかなわなくなった。代わって解説する力量はわたしにはなく、訳者として感想程度のあとがきを記すことしかできないことを、まずはじめにお詫びしたい。

わたしが翻訳し、渡辺先生に監訳・解題いただく体制で訳出を始めたのは二〇一六年の夏である。翻訳のお話をいただいたわたしは、研究・教育職にもない身で翻訳のお誘いを引き受けてよいか躊躇した。ただ、未訳書も数少なくなったレヴィ＝ストロースに取り組める魅力は抑えがたい。そこで、大学・大学院で指導を受けた渡辺先生にご協力をお願いしたわけである。翌二〇一七年夏に「火あぶりにされたサンタクロース」を除く各論考の第一稿がひとまず揃い、渡辺先生が監訳作業に入られた。秋口に監訳済みの第一稿をゲラに組み、改めて点検にかかろうかという矢先の一二月初め、先生から体調を崩された旨の連絡があり、ほどなくして訃報に接することになった。

したがって、渡辺先生の手は「火あぶりにされたサンタクロース」を除く一六の論考の第一稿までしか入っていない。その後、訳文を完成させられたのは、先生の最後のお仕事の一つになる本書を少しでもよい形で世に送り出せるようご助力をたまわった、後述する方々のおかげである。ご遺族の了解を得て先生のお名前を監訳者として残させていただいているが、本書の翻訳過程および訳文についてはこのような事情があることを、ご了承いただきたい。

話を本書に戻そう。編者オランデールの序文にあるとおり、本書はレヴィ＝ストロースの没後編集の時評集である。イタリア有数の発行部数を誇る日刊紙『ラ・レプブリカ』に、一九八九年から二〇〇〇年にかけて概ね年二回のペースで書き継がれた一六の文章と、一九五二年の発表後にどの論集にも採録されることのなかった「火あぶりにされたサンタクロース」とが一つに編まれ、オランデールが監修するスイユ社「二一世紀ライブラリー」叢書の一冊として刊行された。

本書の各論考はレヴィ＝ストロースのフランスでの学術的キャリア――一九四九年の『親族の基本構造』と前後して始まり、一九九二年の『大山猫の物語』で締めくくられる――を挟む両端の時期に書かれたものである。一般の読者を想定しながら、距離や時代を隔てた他者理解を目指す人類学の営為がどのような物の見方を提供し、具体的な社会的役割を果たせるかを余さず伝えようというモチーフが貫かれている。

冒頭の「火あぶりにされたサンタクロース」が、一九五八年の初の自撰論集『構造人類学』から漏れた理由を、レヴィ＝ストロースは後に『遠近の回想』で「書いてあることを否認したわけではないが」「少し軽すぎ、ジャーナリスティックに思えて、著作全体の調子を損なう気がした」と振り返る。その姿勢を『レヴィ＝ストロース伝』の著者ベルトレは「学者が研究分野を外れる問題に考えを述べるにあたり自らの判断でつける制限がどんなものであるかを示す方法」だったと評する。半世紀に及ぶ学究生活を経て、その制限を解き再開した同時代評のなかには、五〇年前と変わらない現代世界を眺める姿勢の一貫性を見て取れる。同論考があえて冒頭に配された意図はそのあたりにあるのかもしれない。

続く『ラ・レプブリカ』紙に連載された一六の論考も、世論を賑わせた印象的な出来事や、偏愛する画家や工芸品の展覧会、人類学に限らない学術論文まで、いずれも着想源はさまざまで、ことによると雑多な印象も受ける。時評というにはやや意表を突いた切り口で始まり、そこに自身の主な研究対象であった南北アメリカ神話や親族構造、造形表現を中心に、時代も地域も異なるさまざまな話題がコラージュされ、当初の主題を掘り下げ、異化する。扱う主題は多彩だが、著者のこうした手つきはどの論考でも変わらない。

随所にたくみに象嵌された各著作の論旨も見逃せない。『大山猫の物語』への「自著紹介」だけでなく、「女性のセクシュアリティと社会の起源」や「母方オジの帰還」は『親族の基本構造』への、「新たな神話による検算」は『やきもち焼きの土器つくり』への魅力的な自著紹介といえなくもない。すでにレヴィ＝ストロースの各著作に親しみのある読者にとっては、自著に加えて、人類学にとどまらない当時最新の研究成果にも幅広く目配りして進められる晩年のレヴィ＝ストロースの繊細で大胆な論の運びには、思わずにやりとさせられるのではないだろうか。文化相対主義や多文化主義といった安易・安直な形容を許さない、世界を見る視線や世界に対する構えが印象的に浮かび上がってくる。

本書はその意味で、著者自身による理想的な〝レヴィ＝ストロース入門〟と言えなくもない。本格的な著作と向き合う際に必要とされる詳細な用語理解なしに、わたしたちの記憶にもまだ新しい出来事を起点にして、レヴィ＝ストロースの世界のひろがりを手ぶらで散策するには、本書に代わるものはないのではないだろうか。

本書で初めてレヴィ＝ストロースにふれ、関心を持たれた方は、ぜひ他の著作に読み進んでいただけたらと思う。先にも挙げた『遠近の回想』は、晩年にさしかかったレヴィ＝ストロースが来歴を語った対話録で、その生涯への格好の道案内となる。そしてもちろん、「ひとはどのようにして民族学者になるか」という章を始め自伝、紀行文学、民族誌など多面的な要素が溶け込み安易な形容を許さない『悲しき熱帯』にも。『親族の基本構造』や『神話論理』四部作をはじめとする主著は、内容・文量の両面で読み通すのはなかなか骨が折れるが、ルートマップとなる日本語で読める解説書も多い。代表的なものを紹介しておきたい。まず、監訳者の渡辺先生の『レヴィ＝ストロース――構造』（講談社）、『闘うレヴィ＝ストロース』（増補、平凡社ライブラリー）の二冊。さらに、小田亮さんの『レヴィ＝ストロース入門』（ちくま新書）は各著作の理論的射程や分析の手つきや切れ味を余さず平明に説き明かしてくれる。あまりの巨大さに途方に暮れる『神話論理』に取り組むには、出口顯さんの『神話論理の思想——レヴィ＝ストロースとその双子たち』（みすず書房）が、各巻ごとに周到な補助線を引き、神話分析に込められた核の部分を鮮やかに取り出して見せてくれる。

本書の翻訳作業についても、いくつか申し添えておきたい。まず、本書所収の論考のうち、以下はすでに翻訳がある。『火あぶりにされたサンタクロース』（中沢新一訳、角川書店）、「神話の思考と科学の思考」（松本潤一郎訳、『現代思想』38-1、二〇一〇年一月、青土社）、「狂牛病の教訓——人類が抱える肉食という病理」（川田順造訳、『中央公論』116⑷、二〇〇一年四月、中央公論新社）。また、『みるきくよむ』（竹内信夫訳、みすず書房）の第二四章（「事物への眼差し」の一部）に「芸術家の肖像」とほぼ同一内容の別バージョンが存在する。これらの訳文や解題からは多くを教えられた。記して、訳者の方々に感謝を述べたい。また、英訳の *We Are All Cannibals: And Other Essays*, tr. Jane Marie Todd, Columbia University Press, 2017 も、適宜参照した。

加えて、以下の二論考には、わたしが以前に翻訳した版がある。「われらみな食人種」（『思想』1016号、二〇〇八年一二月、岩波書店）、「女性のセクシュアリティと社会の起源」（『みすず』509号、二〇〇三年九月、みすず書房）である。どちらも訳文を再検討し、かなりの改稿を行っている。この間に理解が深まったと言えば聞こえはいいが、今回が初訳となる他の文章も同様、まだまだ誤訳がないとは言い切れない。読者の皆さまの叱正を待ちたい。

最後になるが、渡辺先生の亡くなられた後、わたしひとりの力ではとうてい本書刊行にこぎつけることはできなかった。冒頭に述べたように、多数の方々にご助力をいただいた。まず、渡辺先生の手が一切入っていないサンタクロース論については、フランス語表現の観点で初稿を同志社大学グローバル・スタディーズ研究科教授の菊池恵介さんに点検いただいた。渡辺先生のご同僚の比較文学研究者で立命館大学先端総合学術研究科教授の西成彦先生も、ご厚意で点検を申し出てくださった。西先生には最終段階で訳稿全文を詳細に点検いただき、サンタクロース論についてはとりわけ多くの点を正していただいた。記して感謝いたします。

お名前を挙げた以外にも、多くの方に訳文を見ていただいた。人類学の研究動向も踏まえながら、原文と対照してほぼ全文を仔細に検討してくださった方もある。こうした方々のおかげで、文法的誤解や不用意な意訳、訳語選定の不正確さ、各論考の執筆背景の不理解に至るまで、初稿の点検をこぼれた、数々の理解の曖昧な点に気づくことができた。西先生、菊池さんをはじめ、貴重な時間を割いて、本書をよりよい形で世に出すにあたって協力を惜しまれなかった皆さまに対する感謝は言葉では到底言い尽くせない。改めて皆さまにお礼申し上げます。

とはいえ、いただいた多数のご指摘を突き合わせ、渡辺先生の訳文や解釈の方向性を最大限活かすように留意しながら最終的に訳文を確定した全責任はもちろんわたしにある。訳文では、編集者の方から最初にいただいた「入学間もない教養課程の大学生や早熟な高校生にも背伸びして手にとってもらえるように」という要望もあり、初めてレヴィ＝ストロースにふれる方にその後の他の著作を読み進める道案内になるよう平明さを心がけた。ただ、レヴィ＝ストロースの格調高い文章をそのまま日本語に移し替えられているか、また名訳者として知られた渡辺先生の名を汚すことのない訳文になりえているかは、やはりまだ自信が持てないでいる。

渡辺先生のご紹介でわたしが初めて手掛けた翻訳が本書にも収められた「女性のセクシュアリティと社会の起源」だったことは個人的にはたいへん感慨深い。研究者でもないわたしが口にするのははばかられるが、二〇〇五年秋にパリの自宅でのレヴィ＝ストロースへのインタビューに同道させていただいたことをはじめ、これまで先生から受けた学恩は数え切れない。先生の二度目のご命日に何とか刊行を間に合わせることができたことだけをよしとして、本書を謹んで先生のご霊前に捧げたい。

二〇一九年九月

泉　克典

〈著者〉クロード・レヴィ＝ストロース（Claude Lévi-Strauss, 1908-2009）

1908年、ベルギー生まれ。パリ大学で法学を修めるとともに、哲学の教授資格を取得。1935年にサンパウロ大学社会学部教授となり、人類学の研究を始める。1941年にはユダヤ人迫害を避けてアメリカ合衆国へ亡命、ニューヨークの新社会研究院で講義しつつ、のちの構造人類学に繋がる構想を練る。1947年にフランスへ帰国。1959年にコレージュ・ド・フランスの正教授となり、社会人類学の講座を新設。1982年に退官してからも精力的に執筆・講演活動を行った。主な著書に『親族の基本構造』（番町書房1977–78、青弓社2000）、『人種と歴史』（みすず書房1970、新装版2008）、『悲しき熱帯』（中央公論社1977）、『構造人類学』（みすず書房1972）、『野生の思考』（みすず書房1976）、『神話論理』（みすず書房2006–2010）、『仮面の道』（新潮社1977）、『神話と意味』（みすず書房1996）、『構造・神話・労働』（みすず書房1979）、『やきもち焼きの土器つくり』（みすず書房1990）、『みる きく よむ』（みすず書房2005）、『大山猫の物語』（みすず書房2016）などがある。

〈監訳者〉渡辺公三（わたなべ・こうぞう、1949-2017）

1949年、東京都生まれ。東京大学大学院修士課程修了。博士（文学）。2003年に立命館大学大学院先端総合学術研究科教授に就任、研究科長や副学長を務めた。専門は文化人類学。著書に『レヴィ＝ストロース』（講談社1996、新装版2003）、『身体・歴史・人類学I～III』（言叢社2009、2018）、『闘うレヴィ＝ストロース』（平凡社2009、増補2019）、『異貌の同時代』（共著、以文社2017）など。訳書にレヴィ＝ストロース『やきもち焼きの土器つくり』（みすず書房1990）、『神話論理III、IV-2』（共訳、みすず書房2007、2010）、『レヴィ＝ストロース講義』（共訳、平凡社2005）、『大山猫の物語』（監訳、みすず書房2016）などがある。

〈訳者〉泉 克典（いずみ・かつのり）

1979年生まれ。立命館大学大学院文学研究科修士課程修了。翻訳論文にレヴィ＝ストロース「過去に立ち戻る」「女性のセクシュアリティと社会の起源」（『みすず』No.507・509、2003）、「人間の数学」「われらみな食人種」（『思想』No.1016、2008）、「神話はいかにして死ぬか」（『現代思想』38-1、2010）など。訳書にレヴィ＝ストロース『大山猫の物語』（共訳、みすず書房2016）がある。

われらみな食人種《カニバル》

レヴィ=ストロース随想集《ずいそうしゅう》

2019年11月20日　第1版第1刷　発行

著　者　クロード・レヴィ=ストロース
監訳者　渡辺公三
訳　者　泉 克典
発行者　矢部敬一
発行所　株式会社 創元社
https://www.sogensha.jp/
本　　社｜〒541-0047 大阪市中央区淡路町4-3-6
tel. 06-6231-9010 / fax. 06-6233-3111
東京支店｜〒101-0051 東京都千代田区神田神保町1-2 田辺ビル
tel. 03-6811-0662
印刷所　亜細亜印刷株式会社

ISBN978-4-422-39001-7 C1039 NDL389